近代中日關係史料彙編
戰爭賠償與戰犯處理

Historical Documents on Modern Sino-Japanese Relations

War Reparations and War Criminals

近代中日關係史料彙編
總序

呂芳上

民國歷史文化學社社長

一

　　日本是中國的近鄰，也是強鄰，中日之間一衣帶水，本應唇齒相依，共營孫中山的大亞洲主義，互助互榮；也大可以在一念之間，分出蔣介石所規勸的敵乎友乎，和睦共處，以臻東亞大同境界。但日本國力強大之後，不此之圖，選擇走向侵略、走向戰爭，對鄰邦由蠶食而鯨吞，結果釀成的是你傷我殘的悲劇。

　　中日關係的發展，遠的不提，辛亥革命時，日本原有干涉意圖不果，改採兩面外交，著重者在滿洲特殊權益。1914 年一戰爆發，次年日方即向袁政府提出二十一條要求，嚴重妨礙中日正常外交的推進。二十一條交涉甫告段落，日本又為洪憲帝制，蛇鼠兩端，迫得袁世凱含恨以終。其後復對北洋政府在參戰、借款問題及和會、山東問題上，施其詭譎伎倆，導致五四運動的發生。1921 年的華盛頓會議，九國公約中，日本雖在特殊利益上，沒獲多大斬獲，但日本遍及東北、華北的軍事部署，其有恃無恐、肆意在華

擴張的野心，已相當明顯。

1926 年，在南方的國民革命軍，揮師北指，很快的統一中國，這不是對中國抱持野心的日本所樂見的事，於是中日關係走入新的階段。

二

1920 年代初期，在南方的國民黨勢力崛起，1926年國民政府開府廣州，接著北伐，1927 年定都南京，於是中國對內、對外新局面形成。1927 至 1952年間，自北伐後中日談判重訂關稅、出兵山東開始，中經九一八、上海事件、華北事變、蘆溝橋事變，以迄戰爭結束、簽訂和約，具見日本以強國步步進逼，盛氣凌人，中國則以弱勢對應，先是退讓、容忍，終以干戈相見，最後日本以敗戰自食惡果。

1961 年，逢中華民國建國五十年，民間各界特別組成「中華民國開國五十年文獻編纂委員會」，負責出版各類叢書，其中之一是1964 年至1966 年以「中華民國外交問題研究會」為名編印之《中日外交史料叢編》一套九種。這套《叢編》基本上以國民政府外交檔案為主，北京政府外交檔案為輔編成。雖不能對兩國從文爭到武鬥的材料，作鉅細靡遺的羅列，但對兩國關係的重大起伏，實已提供學界深入研究的基礎史料。本社鑒於這套《叢編》對近代中日關係具有很高的史料價值，除聘請學者專家新編「華北事變」資料專輯附入外，特別以《中日外交史料叢編》九種為基礎，重新增刪並編輯匯成《近代中日關係史料彙編》

（以下簡稱《彙編》），以方便學界利用。

三

　　這套《彙編》，共含十五個主題概分為十七冊，包含約四千種文獻、三百萬字：一、《一九三〇年代的華北特殊化》本社最新輯編本，分三冊，由黃自進、陳佑慎、蘇聖雄主編，除利用外交部檔案外，並加入國史館庋藏之蔣中正總統文物相關史料。主要內容，包括長城戰役與塘沽協定（1933）、通航、通車、通郵交涉（1934）、華北特殊化與華北自治運動（1933-1935）、河北事件與南京政府退出華北（1935）、宋哲元與冀察政權（1935）、中日國交調整（1933-1935）、全面戰爭的前奏（1936）等，這三本資料集希望以豐富史料，重新探索1930年代中日、內外各方勢力競逐下的華北問題。二、《國民政府北伐後中日外交關係》19世紀中葉以後，西方勢力進入中國，因國力懸殊，中國頓成列強瓜分角逐場所，不平等條約既是帝國主義勢力的依憑，也是中國近代民族主義油然而生的根由。廢除不平等條約既是國民革命目標，北伐後爭取國際地位平等是國民政府外交努力的方向，也是中國與列強爭執的焦點。這本資料集可以看出中日雙方為長期的、偶發的政策或事件，形成外交角力的過程。主要內容有：國民政府定都南京後外交政策宣言（1927）、日本退還庚款及運用交涉（1929-1931）及中日重訂關稅協定（1926-

1935）、萬寶山事件與中村事件（1931-1932）均與
日本有關。三、《國民政府北伐後中日直接衝突》北
伐進行過程中，發生若干涉外事件，本冊所輯南京事
件（1927-1934）、漢口事件（1927-1931）、日本第
一、二次出兵山東（1927-1929）、。四、《九一八事
變的發生與中國的反應》侵略滿蒙，進而兼併中國，
是日本大陸政策的目標，甲午戰爭、日俄戰爭均是向
外擴張的北進政策，1931 年的瀋陽事變是日本北進
的高峰，更是二次大戰前奏。當時政府為應付嚴重變
局，特在中央政治會議內成立「特種外交委員會」，
自1931 年9 月至12 月，共召開五十九次會議，本冊收
錄了這一重要會議的會議紀錄。五、《九一八事變後
日本對華的破壞與侵逼》九一八事變之後，日本侵華
腳步未曾停止，所謂「得寸進尺」差可形容，本冊所
輯資料，重在日軍繼續挑釁（1932-1933）、日軍暴行
與中國損失（1931-1933）、日本在東北破壞中國行政
權完整（1932）。六、《日軍侵犯上海與進攻華北》
1932 年，日本藉口上海排斥日貨，嗾使日本浪人及
海軍陸戰隊滋事，毆人縱火、殺死華警。上海市府提
出抗議，日領反稱日本和尚五人被毆，提出反抗議，
要求中方道歉、賠償、懲兇、制止反日行動。1 月28
日，日方迫令中國軍隊退出閘北，隨即向中方開火，
是為淞滬戰役。歷時月餘，5 月初始成立停戰協定。
事實上，九一八事變後，日軍節節進迫，進攻熱河，
侵擾察冀，無底於止；中方則忍辱負重，地方飽受戰
火蹂躪，中央遭受輿論撻伐，中日關係瀕臨破裂。本

資料集收錄日軍侵犯上海之一二八事變（1932）、進犯熱河（1932-1935）、侵擾察冀及河北事件致有「塘沽協定」，及所謂「何梅協定」（1933-1935）等文件的簽訂。七、《蘆溝橋事變前後的中日外交關係》廣義的第二次中日戰爭，始於 1931 年九一八事變，止於1945 年日本投降。十四年間又可分為兩階段：九一八至七七（1931-1937）中國是屬備戰、局部抵抗時期，日方是侵犯、挑釁期；七七之後中國是全面抗戰，日方則陷入戰爭泥沼期。前六年中日關係有戰有和，中方出於容忍、訴諸國際調停者多，後八年中方前四年獨立作戰，後四年與盟國協同作戰，對內對外，對敵對友的諸多交涉，件中充分顯示戰前與戰爭外交的複雜面貌。本冊主要內容包含：（一）七七事變前的中日交涉（1934-1937），涉及廣田三原則、共同防共及滿洲國承認問題。（二）事變前日方的挑釁（1934-1936），又包括藏本事件、香河事件、成都事件、日人間諜行為等。（三）從七七到八一三（1937-1938），指的是全面抗戰爆發前後的中日衝突，例如蘆溝橋事變的發生、交涉、日本中國撤僑、八一三虹橋事件及戰事發展等。八、《蘆溝橋事變發生後中國向國際的申訴》七七事變後中日軍事衝突加劇，但鑒於雙方勢力懸殊，中國仍寄望透過國際干涉以制止日本侵華野心。本冊文件集中在中國向國聯控訴日本侵略（1937）。內容包括是年 9 月 13 日中國向國聯提出對日控訴始末。其間涉及國際間聲援、九國公約會議種種相關資料。九、《滿洲國的成立與國

聯對日本侵華的處理》1931 年九一八事變後，因國聯
不能有效制裁日本的侵略行動，日本乃放膽實施侵吞
中國計畫，一方取速戰速決之策，以亡中國；一方為
掩人耳目，實行以華制華之計，製造傀儡組織。1932
年滿洲國之成立到 1938 年扶植汪偽，均此之圖。本
集主要內容有偽滿洲國的成立經過（1932-1935）；
中國控訴、國聯之處理（1931-1933）。十、《偽組
織的建立與各國態度》本冊文件集中在華北自治問題
（1935-1937）及南京偽政權（1938-1943）之醞釀與
成立。十一、《抗戰時期封鎖與禁運事件》戰爭發生
後，可注意的事有三，一是受戰爭影響的敵境及海外
華人權益維護問題、敵僑處理及外僑保護，二是敵人
對鄰近地區的禁運、控制，三是盟國以自身利益出發
的措施如何影響中國。大抵言之，國民政府與同盟國
結盟，提升了國際地位，也保障戰後國際角色的演
出。不過，同盟關係也有摩擦和困擾，例如美國中立
法案（1939-1941）、英國封鎖緬甸運輸通路（1940）
對中國造成的損害。本集資料內容即包括：一、戰時
中國政府的護僑、護產措施；二、日本對東南亞的控
制，如越南禁運、封鎖緬甸、控制泰國；三、美國中
立法案、禁運法案及與日使野村談判；四、1940 到
1945 年間日蘇關係的轉變等。十二、《日本投降與中
蘇交涉》1945 年 8 月 14 日，日本投降，上距七七有
八年，距九一八為時十四年，距甲午之戰五十一年，
「舉凡五十年間日本所鯨吞蠶食於我國家者，至是悉
備圖籍獻還。全勝之局，秦漢以來所未也」。中國戰

勝意義自是重大,但蔣中正委員長在當天廣播中,則不無憂慮的指出:「抗戰是勝利了,但是還不能算是最後的勝利。」顯然國共關係惡化、戰犯處置之外,東北接收與中蘇交涉等棘手問題,均將一一出現。本集資料重在日本投降經過,接收東北、接收旅大與中蘇交涉,張莘夫被害案(1945-1947)。十三、《戰爭賠償與戰犯處理》包含1943年同盟國準備成立戰爭罪行調查會至1948年中國戰犯處理委會工作報告相關文件。十四、《金山和約與中日和約的關係》交戰雙方和約簽訂,戰爭才算結束。中華民國對日和約,遲至1952年日降後六年又八個月才在臺北簽字,原因涉及戰後中國變局。1945年日本敗降,1949年12月,中國共產黨勢力席捲大陸,中華民國政府退守臺灣,這時蘇聯在東亞勢力擴張,國際局勢鉅變,戰勝的中、美、英、蘇、法五強,對東亞新秩序的建立,有複雜考量,同盟52國在舊金山召開對日和會,直到1951年9月8日,才有蘇、波、捷之外的49國參與簽訂的金山和約。當時中華民國未獲邀參加,次年(1952)4月28月在臺北正式簽訂中華民國對日和約,結束了中華民國與日本的戰爭狀態。由於戰後美國在東亞扮演舉足輕重的角色,因此也可看到中、美、日三方外交穿梭的足跡。本集資料主要有一、中國對金山和約立場表示(1950-1952)與金山和約的簽訂;二、中日雙邊和約前的籌議,包括美方意向、實施範圍、中日雙邊交涉及名稱問題的討論。十五、《中華民國對日和約》二戰結束後,冷戰接踵而來,1949年後中國形

成一國兩府的分裂局面，蘇、英、美對誰能代表中國
與日本簽訂和約有分歧看法，1950 年韓戰爆發，英、
美獲得妥協，同盟國對日舊金山和會不邀中國參加，
在美方折衝下，日本決定與中華民國政府商訂雙邊條
約。1952 年 2 月，日代表河田烈與中華民國外交部長
葉公超在臺北磋商，最後雙方簽訂「中華民國與日本
國間和平條約」，雙方互換大使，直到 1972 年 9 月，
遷移臺灣的中華民國政府與日本維持了約二十年的正
式外交關係。這本資料集彙聚雙邊和會的一次籌備
會、十八次非正式會議及三次正式會議紀錄，完整呈
現整個會議自籌備至締約的過程，史料價值極高。

四

　　如果說抗日戰爭是八年，那麼九一八後的六年是
中國忍氣吞聲、一再退讓的隱忍時期，七七事變應是
中國人吃盡苦頭、退無可退的情況下，為求生存而奮
起的開端，此後的九十七個月，在烽火下的中國百
姓，過的何止漫漫長夜。八年中前五十三個月，中國
孤軍奮鬥，後四年才有盟軍並肩作戰，其間大小戰鬥
無數，國軍確實是勝少敗多，即使勝利前多，說國命
堪危也不為過。這次戰爭，日本固然掉入難以自拔的
泥潭，中華民國政府也在獲得遍體鱗傷的「皮洛式勝
利」（Pyrrhic Victory）後，隨即江山易色，勝利者反
變成另一場戰爭的失敗者，其後政局的演變，似乎不
容易給史家，從容寫出恰如其份的抗戰史來。

　　1970 到 1990 年代，中研院近史所曾利用庫藏外

交部檔案，出版過民國時期「中日關係史料」十五種二十一冊，選題時間範圍只限於北京政府時期（1912-1928）。本社出版這套《彙編》，正好延續了其後國民政府的時段。這個時段提供了局面更為複雜的交涉、戰鼓不斷、煙硝不熄的中日關係發展史料。

有了新史料，就會有新議題，就可期待史家新研究成果的出現。我們出版史料的初衷是如此。

編輯凡例

一、本書原件為俗體字、異體字者，改為正體字；無法
　　識別者，則以□符號表示；挪抬及平抬一律從略。

二、本書排版格式採用橫排，惟原文中提及如左如右
　　等文字皆不予更改。

三、本書依照原件，原文中提及「偽」、「逆」等文
　　字皆不予更改。

四、本書中出現「註」、「附註」，皆為原件所示。

五、部分附件因原稿即缺，故無法排印。

六、以上若有未盡之處，敬祈方家指正。

目錄

第一章
抗戰損失與劫物歸還及賠償

第一章　抗戰損失與劫物歸還及賠償

第一節　抗戰損失

一　國內財產的損失

中國抗戰時期財產損失說帖

　　一九三七年七月七日蘆溝橋事變起，至一九四五年八月十四日日本投降止，計抗戰八年一月又七日。在此漫長歲月，生命之犧牲，財產之損失，預期收穫成為泡影，公私事業之轉變，土地之被蹂躪，人民心理之不定等等，直接、間接損失之巨大，同盟國中無可比擬，即歷史上亦復少見。以中國面積之大，交通之不便，人口之多，損失調查極為不易，茲就現有資料分別說明如後：

（一）戰爭區之廣

　　自七七事變至武漢會戰為第一期，計一年四月，已遍及十三省，北起黃河流域察、綏、晉、冀、魯、豫六省，中達長江流域蘇、浙、皖、鄂、贛五省，南及珠江流域粵、閩二省。經過劇戰的地方總達二百五十六市縣。第二期起自二十七年秋末，截至三十二年七月六日，計時總達四年又八月。戰場仍以第一期被侵各省為主，另增湘、桂、滇三省，各省遇戰縣數多少不一，山西省特多，計六十一縣。次則浙、鄂、粵、贛四省均在三十處以上。再次如豫、桂二省亦各有約二十處，其他皖、湘、蘇、閩、魯、綏、滇、冀八省則有十五處至一

處不等，合計十五省共有二九五市縣。第三期自三十三年七月六日起至三十四年八月十四日止。敵後游擊為制敵有效戰術之一，自僻野山谷以至城市據點經常皆在戰鬥中。概括言之，山西境內不獨爭鬥頻繁，規模亦特巨大。其次冀中及冀西地帶每為敵軍掃蕩中心。餘若魯南、豫北、蘇北、淮東乃至地形複雜區域如蘇、浙、皖邊區，豫、鄂、皖邊區及太湖等處，亦為互爭之地。擇其較著者計有八十四市縣作過游擊戰場，計黃河流域五十處，長江流域三十二處，珠江流域二處。

八年來全國曾蒙戰禍區域全國共有　省四百六十七市縣。

日本空襲廣及十六省，內含戰區粵、豫、贛、桂、浙、閩、皖、湘、鄂、滇十省及陝、川、黔、甘、青、康等後方六省。空襲災區至少應有二十三省。幸免於害的除東北四省不計外，僅遠居邊陲的新疆、蒙古、西藏三地而已。

（二）直接財產損失

依遠東委員會所定格式，吾國以一九三七年七月之美金幣值作成公私財產，損失如下。惟因地域廣大，程度不齊，掛漏難免。

A. 金銀條及錢幣

各銀行損失金銀條及硬幣計 120,566,000 元。

B. 外幣及公債股票

C. 船舶：合計 138,812,000 元。

（1）海船 64,574,000 元。

（2）漁輪及木造漁輪船 74,238,000 元。

D. 工商業及動力工：合計 4,053,647,000 元。

（1）工業：各種工業之房屋設備，原動機、作業機、工具機、器具材料、原料、製成品等 1,190,963,000 元。

（2）礦業：煤、鐵、鎢、銻、錫、汞等礦之地面設備，地下建設、原動力設備、機械工具、輸運設備等 195,800,000 元。

（3）電業：發電設備、輸電線路設備、供電線路設備等 95,048,000 元。

（4）商業：各省縣市之商業資產包括店屋、器具、現款、存貨等項 2,551,847,000 元。

（5）金融業：現款、保管品，抵押品，及建築器具設備等 19,989,000 元。

E. 港口

F. 交通：合計 635,371,000 元。

（1）鐵路路線設備，車輛機廠設備等 451,978,000 元。

（2）內陸水運：船內碼頭設備等 20,817,000 元。

（3）民用航空：飛機機場設備、電訊設備、油料機械及工具等 7,673,000 元。

（4）電訊：路線設備機械及修理工具等 45,787,000 元。

（5）郵務：郵件運輸工具等 6,938,000 元。

（6）交通器材：路料電料等項 102,178,000 元。

G. 道路：車輛路線設備及修理工具等 215,062,000 元。

H. 農林水利：合計 3,976,127,000 元。

（1）農業：糧食、蠶豆、茶葉、其他農作物及肥料、農具、小型農田等 1,745,758,000 元。

（2）林業：苗圃、林場、風景林、行道樹及經濟林（桐林、柏、油菜、核桃、烏油茶核桃）等 772,650,000 元。

（3）漁業：漁具魚產舍器具等 702,360,000 元。

（4）畜牧業：牲畜及畜產品等 701,358,000 元。

（5）水利工程：因抗戰破壞之河堤及水利工程 54,001,000 元。

I. 公共機關：合計 1,157,290,000 元。

（1）政府機關：中央及地方機關之建築物器具、圖書、儀器、醫藥用品等 121,491,000 元。

（2）教育文化事業：各級學校及文化機關之房屋圖書儀器及設備等 966,023,000 元。

（3）人民團體：包括宗教團體慈善團體及其他以益團體之房屋器具、古物、經典、人事 70,176,000 元。

J. 房屋傢具及其他私產：全國私人之房屋、傢具、現款、圖書、古物、書畫、衣物、首飾、有價證券等 21,033,261,000 元。

K. 珠寶及珍貴品：列入 J 項。

（三）全國公私財產其他損失

甲、對日作戰國庫之經常及非常支出合計 16,080,790,000 元

（1）軍戰費：由國庫內支出之作戰費用 6,661,902,000 元。

（2）受降費：包括國內受降費及越北、臺灣受降費
　　　等 80,800,000 元。

（3）軍官復員費：計軍官復員三十五萬人退役轉業
　　　官佐十三萬人 2,892,000 元。

（4）部隊征發費：戰事發生後江南國防工事之征發
　　　費，江北因秩序未恢復，其征發費另候補列
　　　141,290,000 元。

（5）優待出征軍人家屬費：自二十七年至三十三年
　　　各省所發之優待金及優待，三十四年各省尚未
　　　彙報，另候補列 79,266,000 元。

（6）將士傷亡撫卹費：為陸海空軍官兵 3,227,926
　　　名傷亡，應給予之撫金 2,758,369,000 元。

（7）國庫對敵作戰其他支付費用：包括公教人員
　　　生活輔助費，賑濟支出及復員支出等費用
　　　3,808,573,000 元。

（8）抗戰期間美英蘇歷次借款動支數：計中美五次
　　　借款、中英兩次借款及中英財政援助協定、中
　　　蘇三次借款 777,674,000 元。

（9）中美租借法案物資 872,334,000 元。

（10）舉借外債損失：為各國借款利息部份
　　　119,199,000 元。

（11）因抗戰發行國內公債損失：為發行公債應付
　　　之利息 757,946,000 元。

（12）歷年發行糧食庫券損失：作戰期間一部份軍
　　　糧之費用 20,545,000 元。

乙、淪陷區內政府及人民之賠償要求合計
4,526,792,000 元

（1）中央稅收損失：關稅、鹽稅、貨物稅、直接稅、
土地稅、契約等稅收之損失 3,329,200,000 元。

（2）地方稅收損失：係各省市地方稅收之損失
507,608,000 元。

（3）敵偽鈔券：包括偽中儲券、偽聯銀券、偽蒙疆
券。以上已扣除偽發行準備金及接收發行準備
金 539,587,000 元。

（4）敵發行軍用票損失：此項係據人民向政府登記
之數字，其未報登部份另候補列 133,000 元。

（5）偽南京政府發行公債：
發行額數字為 100,894,351 元，照歷年物價指
數折合美金 29,763,000 元。

（6）華北偽組織發行公債：發行額為 2,945,738 元，
照歷年物價指數折成美金 869,000 元。

（7）被日本劫掠未收回政府債券損失：被劫持
未收回之政府債券本息均係戰前發行各債
56,926,000 元。

（8）國債基金被劫持損失：國債基金被劫持數係於
上海淪陷時被劫持者 125,000 元。

（9）蘇軍東北軍用票：蘇聯大使於六月十一日照會
由中國收回蘇軍向日要求賠償 62,581,000 元。

丙、資源減損合計 6,485,741,000 元

（1）農作物生產減少損失：作戰期間致農田荒蕪食
糧減產之損失及二十七年六月黃河決口氾區農

作物之損失 853,137,000 元。

（2）茶葉產量減少損失：因作戰影響茶葉減產與茶葉改進上之損失 53,546,000 元。

（3）蠶絲生產減少損失：作戰期間蠶子繭絲所受生產之減損 765,000,000 元。

（4）林木減產損失：包括中央及各省之林場、苗圃、風景林及經濟林等在作戰期間生產減損 434,108,000 元。

（5）牧畜及畜產品減產損失：作戰期間所受生產之減損及利潤之減少損失 387,358,000 元。

（6）漁業減產損失：全國漁產小產加工及小產運輸事業在作戰期間所受生產減損及利潤減少損失 727,890,000 元。

（7）工業生產減少損失：紡織、食品、印刷酸鹼鹽顏料、染料、油類、造紙、皮革、火柴、機器服用品、窰業及捲煙等十四類工業生產數額之減少及利潤減少損失 1,041,164,000 元。

（8）礦產減產及營業損失：包括煤、鐵、錳、銻、金、鉛、錫及其他非金屬、礦等項在作戰期間生產量之減少及利潤之減少損失 55,061,000 元。

（9）電業營業損失：全國各地電氣事業在作戰期間因減少發電量度數而遭受之損失 91,401,000 元。

（10）商業利潤減少損失：全國公營及民營商業在作戰期間之利潤減少損失 1,636,175,000 元。

（11）交通事業營業減少損失 全國鐵路工程、航務、航空、郵電等在作戰期間所受之盈餘減少損

失 440,901,000 元。

全國公私財產直接損失統計表

單位：美金元（二十六年七月美金價值）

損失項目	價值	備註
總計	31,330,136,000	
A. 金銀幣金銀條	120,566,000	各銀行生金銀損失。
B. 外國貨幣證券		
C. 船舶	138,812,000	
1. 海船	64,574,000	沿海航行船舶。
2. 漁船	74,238,000	漁輪及木造漁船。
D. 工商礦業及動力	4,053,647,000	
1. 工業	1,190,963,000	各種工業之房屋設備、原動機、作業機、工具機、器具、材料、原料、製成品等。
2. 礦業	195,800,000	煤、鐵、鎢、銻、錫、汞等礦之地面設備、地下設備、原動力設備、機械工具、輸運設備等。
3. 電業	95,048,000	發電設備、輸電線路設備、供電線路設備等項。
4. 商業	2,551,847,000	各省縣市之商業資產，包括店屋、器具、現款、存貨等項。
5. 金融業	19,989,000	現款、保管品、抵押品及建築、器具、設備等。
E. 港口		
F. 交通	635,371,000	
1. 鐵路	451,978,000	路線設備、車輛、機廠設備等。
2. 內陸水運	20,817,000	船舶、碼頭設備等。
3. 民用航空	7,673,000	飛機、機場設備、電訊設備、油料、機械及工具等。
4. 電訊	45,787,000	路線設備、機械及修理工具等。
5. 郵務	6,938,000	郵件及運輸工具等。
6 交通器材	102,178,000	路料、電料等項。
G. 道路	215,062,000	車輛、路線設備及修理工具等。
H. 農林水利	3,976,127,000	

損失項目	價值	備註
1.農業	1,745,758,000	糧食、蠶絲、茶葉、其他農作物，及肥料、農具、小型農田水利等。
2.林業	772,650,000	苗圃、林場、風景林、行道樹及經濟林（桐林、烏桕、油茶、核桃）等。
3.漁業	702,360,000	魚具、魚產、漁舍、器具等。
4.畜牧業	701,358,000	牲畜及畜產品等。
5.水利工程	54,001,000	因抗戰而破壞之河堤及水利工程。
I.公共機關	1,157,290,000	
1.政府機關	121,091,000	中央及地方機關之建築物、器具、圖書、儀器、醫藥用品等。
2.教育文化事業	966,023,000	各級學校及文化機關之房屋、圖書、儀器及設備等。
3.人民團體	70,176,000	包括宗教團體、慈善團體及其他公益團體之房屋、器具、古物、經典等。
J.房屋傢俱及其他私產	21,033,261,000	全國私人之房屋、傢俱、現款、圖書、古物、書畫、首飾、有價證券等。
K.珠寶及珍貴品		列入 J 項。

附註：

（一）本表所分項目，係根據遠東委員會所提項目為準，其空白項目，係已歸併於另一項目內。

（二）本表計算損失時期，自民國二十六年七月七日起，至民國三十四年九月二日，日本簽降之日為止。

（三）本表所列各項損失，以東北各省市及臺灣以外之中國領土為限。

（四）我國抗戰八年，所受損失，自非短時期所能調查完竣，日人佔領較久之區域，尚在繼續調查，凡未及查報完畢之損失，或遺漏未報之損失，均應保留補列。

（五）間接損失、人力損失、人民流亡損失、戰費損
　　　失，為數頗大，均候另表開列。

（六）全國軍民傷亡人數，經初步調查，計人民傷亡
　　　8,420,898人，軍人傷亡3,211,000人，詳表另列。

二　士兵的傷亡

抗戰以來歷年我軍傷亡官兵統計表

國防部史政局製

年度／區分	總計	負傷	陣亡	失蹤
26 年	367,362	242,232	125,130	
27 年	735,017	485,804	249,213	
28 年	346,543	176,891	169,652	
29 年	673,386	333,838	339,530	
30 年	299,483	173,254	144,915	17,314
31 年	247,167	114,180	87,917	45,070
32 年	162,895	81,957	43,223	37,715
33 年	210,734	103,596	102,719	4,419
34 年	168,850	85,583	57,659	25,608
共計	3,311,419	1,761,335	1,319,958	130,126

附記：本表係根據前軍令部統計製成。

三　海外華僑的損失

（一）南洋各地被侵之經過及日軍盤踞之時期，一九
　　　四一年十二月八日太平洋戰事發生，日本軍隊
　　　長驅南下，南洋各地及緬甸陸續被侵，茲將各
　　　地被侵之經過，分別誌其大略如次：

（1）菲律賓
　　　一九四一年十二月九日，日軍在北呂宋島登陸，十
　　　日在呂宋北部海岸自維干至阿巴利一帶登陸，十二
　　　日繼續進攻呂宋島，遭遇強烈之抵抗。二十八日猛

炸不設防之馬尼剌市。一九四二年一月一日，日軍
緊迫馬尼剌，二日馬尼剌陷。四月九日，巴丹半島
美菲守軍力竭失敗。十一日日軍在宿務島登陸，美
菲軍堅守柯里幾多爾島。十七日日軍在班乃島登
陸，五月六日柯里幾多爾島陷。

（2）馬來亞

一九四一年十二月九日，馬來亞北端激戰，十日日
軍繼續採取海陸軍聯合攻勢，十八日主力戰移往
霹靂境，三十日英軍撤出怡保。一九四二年一月五
日，霹靂前線英軍後撤，八日日軍攻入馬來亞雪蘭
莪境。十二日吉隆坡陷。二十日日軍向馬來亞西部
全線施行壓力，二十五日全部馬來亞半島陷。二月
五日新加坡砲戰，八日日軍在新加坡西北岸登陸。
十一日攻守戰劇烈，十二日日軍猛攻市道，英軍焚
燬汽油庫，十五日新加坡陷。

（3）荷印

一九四一年十二月十六日，日軍在英屬婆羅洲北
部登陸，十八日荷澳同盟軍佔領葡屬蒂汶島。
一九四二年一月十一日日軍在婆羅洲東北之塔拉甘
島登陸，二月二日佔領坤甸，十日日軍在西里伯斯
望加錫登陸，十五日大舉進攻蘇門答臘，於巨港附
近登陸，十六日巨港陷。二十日日軍在蒂汶島登
陸。二十一日在峇里島登陸。爪哇激戰開始，峇里
守軍奮勇抗敵。三月二日同盟軍猛烈抵抗爪哇登陸
日寇，五日爪哇西部日軍再登陸，六日荷軍自巴
達維亞撤退，八日爪哇荷軍停止抵抗，十一日泗水

陷，十三日蘇門答臘棉蘭陷。

（4）緬甸

一九四二年一月十七日，日軍開始攻擊緬甸之米打，十九日佔領緬南土瓦海口及其機場。二十三日緬南戰事轉劇，卅一日英軍自毛波棉東南撤退至薩爾溫江對岸。二月十一日瑪打萬陷，二十四日英軍撤至西湯河。三月七日仰光陷。十八日日軍侵東瓜，二十三日東瓜以南血戰四晝夜。四月二十一日仁安羌及平蠻北部有劇烈戰事，二十七日東線戰況嚴重。二十九日日軍入臘戌，繼續北犯。五月三日瓦城陷，十一日密芝那陷。

戰事發生後六個月內，全部南洋群島及緬甸均入日軍掌握，直至日本投降時止，日軍盤踞達三年餘之久（越南係一九四一年七月即被日軍佔領，暹羅——時稱泰國——於一九四一年十二月十一日與日本締結軍事同盟，一九四二年一月二十五日向英美宣戰。）

（二）華僑遭受損失情形：因華僑人數之眾，財產之富，日軍侵佔地區之廣，劫掠破壞之大，致所受財產損失，包括房屋、器具、衣物、珠寶金飾、營業貨物等項約達六億餘美元（菲律賓受損失者，達一萬二千餘家，暹羅達一千七百餘家，檳榔嶼達二百家，新加坡達七千三百餘家。）人口傷亡各地多寡不等（見附表），遭受損失之情形：則或直接損失於砲火之下（如馬來亞、荷印、緬甸），或由於日軍之劫掠（各

地一律），虐殺（如北婆羅洲），及徵用強佔（各地一律），或由於戰爭後期盟軍飛機之轟炸（如暹羅）。

（三）我國所定華僑損失賠償原則，與一、二華僑居留地政府所定辦法之不同，我國所定海外華僑時損失，向對日和會提出專案要求賠償一案，係呈奉行政院三十五年十二月四日節京捌字第二二〇〇二號指令核定者。惟據各駐外領事館報告，僑民居留地政府亦有對我僑損失負賠償責任者，如駐巴達維亞總領事館報告：荷印政府對於境內所有居民之戰時損失賠償問題，業已成立委員會，研究賠償性質及辦法，將不分國籍，一概受理。駐雪梨總領事館報告：澳洲代管地華僑所受損失，在澳洲之戰爭損失賠償計劃下，與澳人享受平等待遇，迄三十六年五月二十三日止，我僑戰時損失賠償統計數字如下：賠償結案者 991 件，部分了結或在清算中者 385 件，賠償金已釐定者 54 萬 9,342 鎊，賠償金及利息已清付者，44 萬 2,984 鎊，賠償金在釐定中者 24 萬鎊。駐河內總領事館報告：日軍佔領越南期間僑民所受損失，有極小部分（越幣 2,500 元）已由法國政府賠償。

（四）海外華僑戰時損失

海外華僑戰時損失統計表

僑民居留地	財產損失數字			人口傷亡數字	備註
	當地幣	當地幣與美金之比率	美金		
香港			40,857,848.60	9 人	
菲律賓	277,155,077.17	每菲幣 1 元合美金 5 角	138,577,538.58		
越南	266,919,302.86	每越幣 7 元合美金 1 元	38,131,328.98	8 人	
緬甸	34,698,169.70	每緬幣 3.3 羅比合美金 1 元	10,514,596.88	6 人	
暹羅	113,200,010	每暹幣 14.7 銖合美金 1 元	7,700,680.27	177 人	
新加坡	60,906,009.26	每馬來幣	29,002,861.55	4,522 人	
檳榔嶼	1,990,907	2.10673 叻合美金 1 元	935,726.30	77 人	
吉隆坡	27,414,967.34		13,023,737.45		
蘇門答臘	152,548,720.27		57,565,554.82		
爪哇	201,062,126.92	每荷幣 2.65 盾合美金 1 元	75,910,236.57	743 人	
西里伯斯	516,799,223.25		195,018,574.81		
荷屬婆羅洲	41,116,905		15,515,813.20		
北婆羅洲	4,805,989	每婆幣 100 元合美金 47.625 元	2,288,852.30	241 人	
蒂汶	3,500,000	每葡幣 24.69 元合美金 1 元	141,757.80	292 人	
新幾內亞	1,000,000	每澳幣 1 鎊合美金 3.237 元	3,237,000		
毛里西斯	1,450,000	每毛幣 3.25 元合美金 1 元	446,153.85		
共計			628,826,261.96	6,075 人	香港數係根據行政院賠償委員會所送統計表數字換算而得

第二節　要求賠償

一　關於日本賠償問題的說帖

中國對日要求賠償的說帖

（一）溯自一九三一年九月十八日，日本在中國東北
　　　發動有計劃侵略，以迄日本投降日止，中國為
　　　維護主權與領土之完整，並為保護世界正義與
　　　安全，艱苦抗戰歷十五年之久。中國之作戰，
　　　期間實遠較任何同盟國為長久。在此期間，中
　　　國被侵佔地區之廣大，佔全亞洲淪陷地區百分
　　　之四十五。擁有全中國人口百分之八十地區，
　　　幾均遭日軍破壞蹂躪。在此中國精華之地區，
　　　因戰爭影響，不惟正常之建設無以開展，且遭
　　　受難以計算之損害。

（二）據中國政府初步估計，僅財產損失一項，即達
　　　三百五十億美金，此項數字如以之與中國國富
　　　相比較，其所佔百分比之大亦為其他盟國所不
　　　及。（三）然此一數字較諸生命之犧牲，已甚
　　　渺小。中國軍隊死傷於疆場者達三百四十餘萬
　　　人。至平民在淪陷區死於砲火或慘遭屠殺，或
　　　於後方日機轟炸下死於非命者，計七百餘萬
　　　人。其他逃避戰火，流離顛沛，轉輾於凍餒疾
　　　病與痛苦中者，為數更不可勝計。

上述中國慘重之犧牲，於盟國獲致最後勝利上更有決定
性之貢獻。中國乃首先予侵略者以打擊者，中國憑其窳
劣之武器，獨力抵抗日本，達四年之久。而是時，各盟

國對日本破壞世界和平之企圖，猶在躊躇觀望中，而中國抵抗侵略之意志，堅定不移，數度粉碎日本冀圖以「大東亞共榮圈」壟斷東亞、抵制西方國家之陰謀。珍珠港事件後，日本乘德國縱橫歐陸之際，席捲南洋各地，進軍緬甸，與納粹德國遙相呼應，是時盟國在東西戰場均黯然無光。而中國仍屹立亞洲大陸戰區，獨力支撐，牽掣日軍精銳部隊五十至七十師團，並得渡過危局。當莫斯科危急之秋，日軍本早有夾攻蘇聯之計劃，亦終因深陷中國泥淖，未敢妄動。盟國遂得在中國掩護下，重新部署，進行反攻。一九四五年華軍解放緬甸後，配合盟軍於中國西南部繼續反攻，使殘局為之一變，終得以擊敗日本獲致最後勝利。

中國因戰爭所受損失，在盟國間最為嚴重。在獲致勝利方面，實具有持久而重要之貢獻。中國對責令日本賠償一事，自屬最表關切。中國認為在盟國協商日本賠償問題時，應列居主要之地位。中國外交部王部長曾於一九四五年九月十三日與美國務卿貝爾納斯閣下，及蘇聯外交部長莫洛托夫閣下分別換文，申述中國之主張並獲得其支持。在遠東委員會中，中國代表更疊次表達中國對儘速拆遷日本供賠償資產之願望。根據此一貫之立場，茲闡述中國對整個日本賠償問題之觀點如下：

一、中國境內日本資產

（一）日本投降後，中國政府即採取與盟國一致與類似之行動，將中國境內屬於日本政府及其人民之資產加以接收與清理。在中國國內部分，此項資產之全部總值，以美金計算約三億五千萬

元。在中國東北諸省，屬於日本政府及其人民之資產，均被蘇聯軍隊先期搬運殆盡，中國所接收者僅及五分之一而已。

（二）就中國接收部份之日本國外資產而言，中國在原則上同意可將清算所得抵充其賠償攤額之一部分（中國對整個日本國外資產之態度，將於後討論之）。但以日本在佔領中國期間政治控制及經濟搾取之情形而論，若干日本在華之資產有下列情形之一者，認為係侵略之結果，應無條件歸還，不應列入賠償項下。（a）在佔領期間始移轉所有權於日本之產業。（b）日本在淪陷區利用中國勞力，資源，乃至資本而舉辦之事業。（c）淪陷區曾以等價之輸出償付之日本物資等。

二、日本國外資產

（一）中國在原則上贊同將日本國外資產，充作日本賠償盟國損失之財源之一部。凡各盟國所接收之所有屬於日本政府或其人民之資產，均應抵充各該國賠償攤額之一部份。如有多餘時，均應交予專設之賠償機構，供分配其他各盟國之用。

（二）在朝鮮境內之日本資產，中國認為應移交於日後之朝鮮政府，以補償朝鮮已往在日本統治下所蒙之損害，藉以資助其復興建設。

（三）在軸心國之日本資產，應由有關當局移交專設之賠償機構，列入賠償公額。至在中立國之日本資產亦應加以清理或處分，將其所得，滿足盟國之賠償要求。

（四）在移轉領土內之日本資產，中國認為應依一般國際法原則與繼承國之法令加以處置。關於此節，中國政府並願與其他有關各國採取一致步驟。

（五）關於戰利品之性質，中國擬準照一般通行之國際法解釋之。戰利品應嚴格限於供敵人武裝部隊及為敵人武裝部隊所有之裝備或供應品，至於生產是項裝備或供應品之工廠不在其內。蘇聯自其盟國境內所搬運之日本工廠設備，依此解釋，實不在戰利品範疇之內。中國政府對於該項在中國境內原應歸中國接收而不幸為紅軍搬運之日本工廠設備，已偕同盟國專家作詳密之調查。是項調查清冊。足以證明被搬運者實非「戰利品」。是項調查清冊並指出，中國直接受搬運，間接被破壞所致損失之嚴重。

（六）中國政府為促使整個日本賠償問題從速解決，準備在下列兩最低條件下，就東北被搬運之物資事，與有關各國獲取諒解。此條件之一即不論作何解釋，各盟國應就其實際上所接收之日本資產提出報告，此項實際接收之資產價值一概列入賠償公額，抵充各該國賠償攤額之一部份。其次在決定賠償攤額時應對中國在東北所損失部份，予以有利之考慮，使中國能取得相當之補償。

三、日本國內供賠償之資產

（一）關於將日本國內若干資產移充賠償一節，中國認為波茨坦宣言及遠東委員會有關決議案，應

切實嚴格執行。有關軍備之工業務須澈底拆除，財閥之組合應予解散。日本一般工業應嚴限於滿足其國內從事侵略前需要之水準。在上述諸條件下，應盡量將日本國內資產，包括現金、存款、工廠設備、交通器材、商船等列入賠償公額，以補償盟國因其侵略行為所受損失之一部分。

（二）以往日本所以能培養侵略潛力，威脅遠東和平，根本上係憑藉其壟斷性之輸出。此項輸出對於中國之建設與發展甚為不利，對於遠東及世界和平亦有威脅之可能。茲為維持今後東亞經濟之平衡發展，並補償中國因戰時工業停滯之損失。中國主張對日本特殊之輸出工業，如紡織工業應拆遷其一部分滿足中國之特殊要求。此外一向仰給外國原料或專為開發移轉地資源之工業，以其性質之特殊，如不必列在一般拆遷之列，但亦應盡可能移交原料出產國或繼承國，抵充賠償。

（三）除非有較多種類之賠償方式，否則各賠償要求國之需要，決不能滿足。本此觀點，中國認為除以日本國內現有資產移充賠償外，日本今後應供給一定數量之經常生產品及勞務抵充賠償，特別對曾遭日軍破壞損失慘重之盟國為然，中國關於此方面之要求已擬有方案。

四、中國之要求

甲、賠償公額與各國之攤額。

關於日本充賠償之公額內容前已述及，茲歸納其來源如下：

1. 在日本境內屬於日本政府及其人民之存金現款等，
   其為維持日本平時經濟所不需要者。

2. 在日本境內屬於日本政府及其人民之工廠、工業及
   生產設備、交通器材、商船，其為維持日本平時經
   濟所不需要者。

3. 日本在國外之一切資產，但其位於朝鮮及移轉地內者
   除外。

在上述公額內，中國基於前述損失上與獲致勝利所作貢
獻上之理由，應獲得不低於百分之五十攤額。此項公額
內日本國內資產部分，中國並得優先取得之。

乙、中國之特殊要求

　　在作戰期間中國乃本土被佔領之國家之一，中國損
失之慘重已無庸贅述。為從事救濟，復興與重建計，中
國除自公額內取得攤額外，更要求日本以一定價值美金
之財額賠償。此項財額賠償得於一定期間內責令日本以
左列方式償付。

a. 前述之經常生產品。

b. 前述之勞役包括中國政府僱用日籍技術人員之費用。

c. 日本負擔之自日本運輸賠償物資至中國一應費用。

d. 其他。

丙、拆遷

（一）整個賠償問題未解決前，中國認為應先就遠東
　　　委員會所通過之臨時拆遷方案，將現在盟軍總
　　　部管制下之日本工廠先作部分拆遷，以應各要
　　　求國之急需。美國政府應在臨時指令權限內，
　　　指定其中百分之三十供先期分配各國之用，中

國政府在此範圍內應獲得不少於百分之五十之
比例。

（二）中國鑒於運輸船舶之匱乏，感到拆遷工作非短
期內所能完成。為預籌運輸船舶計，中國首先
主張儘速分配日本殘餘之海軍艦艇，其次希望
能將一部分日本商船亦列入臨時賠償拆遷方案
內，先期移交各國，俾各取得國能藉此加速拆
遷之進行。

（三）將來日本國內全部供賠償工廠設備開始拆遷
時，如限於種種困難非短期內所能完成時，中
國擬就依攤額應劃撥中國之工廠設備就地在日
利用。如此既可避免機器棄置荒廢，復可解決
日本國內失業問題之一部份。此項在日利用之
工廠，以五年為期，由中國經營，使用中國原
料，但僱用日本勞力及技術人員，期滿以後仍
運歸中國，關於實施方面之細節，中國擬經由
專設之賠償機構，與盟國政府商決之。

丁、應由中國接收之在日資產

中國人民在日本各項財產權益，應與聯合國人民在日者
享受同等之待遇。除此以外，下列各項財產權益以其性
質特殊，應歸中國政府接收處理之。

a. 中國偽組織，包括其公營之經濟事業在日之存金、
投資、分公司及其他財產權利及利益。

b. 經中國法院判決為奸逆者在日之一切財產權利。

c. 臺灣地方政府、公營事業、公共機關在日之一切財
產權利利益，包括臺灣銀行準備金、郵政儲金、保

險準備金、其他投資、債權等。

d. 日本在佔領中國期間所搜集之有關軍事及經濟之調查。

五、解決賠償問題之途徑

中國深以盟國賠償會議未能及早召開為憾。在此問題懸擱期間，各盟國固然無以滿足其要求，對於日本亦將因賠償命運未決而不能從事其和平經濟之建設，致增加盟國佔領當局之負擔，本此理由，中國茲對賠償會議召開之程序作如下之建議。

1. 由中、美、英、蘇四強代表先就下列各主要問題獲得協議。

　　a. 臨時拆遷計劃之賡續實施步驟。

　　b. 決定日本賠償公額，及各國分配之比例。

　　c. 日本國外資產一般性之討論。

　　d. 中國及其他盟國特殊要求之諒解。

　　e. 草擬賠償機構之組織規程。

2. 如各盟國同意上述之建議，中國政府願在華盛頓與美、英、蘇三國政府進行初步會商。

3. 於中、美、蘇、英四國獲致協議後，即由四國共同或由美國單獨邀請遠東委員會會員國開賠償會議，地點在華盛頓。

4. 賠償會議之權限如下：

　　a. 審查各國戰爭損失報告。

　　b. 接受各國所接收之日本國外資產報告。

　　c. 追認臨時拆遷計劃之實施。

　　d. 對日賠償公額及各國分配之比例作最後決定。

　　e. 通過賠償機構之組織規程。

以上程序，中國先與美國政府接洽，獲其同意後，再分別通知英、蘇兩國。

5. 賠償機構之參考條款如下：

 a. 組織：由中、美、蘇、英、澳、加、紐、菲、荷、印、法十一國各派代表一人組成之。

 b. 權限：

  （1）執行賠償會議之決議案。

  （2）分配賠償公額予各要求國。

  （3）供給各要求國有關賠償品之情報。

  （4）仲裁要求國間對特種賠償品之爭執。

  （5）監視賠償品之裝運。

  （6）綜理經常生產品賠償有關事宜。

  （7）其他。

 c. 與盟軍總部之關係：

  （1）盟軍總部決定日本國內供賠償之資產總值，並隨時開列清冊移交賠償機構分配各國。

  （2）盟軍總部對管制日本經濟方面，隨時供給各項資料，以供賠償機構執行分配及處理經常生產品賠償時參考。

 d. 議事程序：

  賠償機構之決議以超過獲得公額中三分之二配額國家之可決為之。

宋子文院長致顧維鈞大使電

民國三十五年八月十四日

中國賠償事主張如下，外交部即將派遣專家前來協助。

一、中國抗戰損失，實龐大無比，中國政府在中國本部所接收之日本政府及私人資產，依最高額估計，亦僅抵中國全部戰爭損失之滄海一粟。中國既屬主要戰場，因日本侵略所受損害既亦最為深鉅，中國得要求賠償之優越分配額，殆無疑義。

二、工業設備之劃歸中國者，應經中國政府指定，運往中國最後目的地，所需費用歸日本政府負擔，此項工業設備，在一定限度期間內，應由熟練之日本技術人員安置及管理運用之。此等人員食宿，雖得由中國政府供給，但應由日本政府給償，所有其他有關運輸及安置工業設備之費用，亦應由日本政府撥付。

三、工業設備及其他資產撥給中國者，須自最後賠償協定締結日起，至少五年內，歸日本保管，準備隨時交付。

四、如屬可行，若干劃歸中國之工廠，得在日本境內利用日本人力，但由中國經管，用中國原料動力用煤及流動資本，其期限以不超過最後賠償會議之日起，五年為度，五年後，是項設備，仍須由日本政府出資運往中國，在日本使用各工廠之出品，由中國出資運往中國分銷。

五、現金賠償，用以抵補工業賠償計劃以外，及不敷之中國方面應得數額，此項現金賠償，應包括對可供分配各要求國家之現金資產取得協議之百分比，中國理應獲得主要比額。

六、日本在佔領中國領土期間，所搜集之有關自然資

源，工業計劃等之技術上及經濟上資料應包括在賠償計劃之內。

顧維鈞大使關於對日賠償交涉方案

民國三十五年九月十三日華盛頓電

1. 查訓令中各點，尚屬具體問題，約分下列三類：

   a. 催促提前指撥器材運華。

   b. 要求抵充賠償之若干工業，及器材之規定，及執行時若干辦法。

   c. 日本若干保留物之限制。

2. 以上三類，在遠東委員會至今尚在泛論爭執不決局面之下，我方殊難單獨提出種種具體問題而能有結論。

3. 日本外國資產問題，及召開賠償會議兩點，蘇聯尚無答復，故賠償會議尚無召開確期，即使開會，其進展滯鈍，仍然難免。

4. 我方此時策略，似宜針對環境堅持立場，以圖打開僵局。

5. 遠東委員會對賠償問題之速決，雖尚渺茫，而對（子）日本將來平時工業規模之水準（Determination of Peaceful Needs of Japan SC 036）及（丑）在此水準尚未決定，即備施行之日本最低限度之工業生產（Assured Production Capacity Levels for Japan SC 035）兩條案反予積極討論，蓋美方因欲安定日本經濟人心，對兩案至為關切，其他各國亦無何異議。

6. 目前會中一般意見關於（子）案似規定以一九二八至一九三〇之日本平均狀態為準。關於（丑）案重

要工業之最低限度，每年產量約為鋼鐵二百萬噸，工具機七千五百具，火力發電一百萬瓩，鹼二十六萬噸，氯氣三萬二千噸，燒鹼十萬噸，硫酸三百萬噸，造船新造八萬噸，修理保養一百五十萬噸。

7. 上述子、丑兩案，我方迄未提出強調再予抑低之主張，良以各國意見不主過於苛刻，且原則上須使日本進出口達到平衡，故對其工業難以悉加苛減。

8. 際此賠償問題尚在混沌時期，而對日本工業之保障，反予速決，殊不合理。

9. 故經此間再三考慮，擬採用下列策略。

　A.即向遠東委員會聲明在遠東被敵人佔領各國獲取適當賠償物資案，尚無眉目之前，我國礙難同意對子、丑兩案有最後決定。並要求關於輕工業政策之任何決定，須使保留於日本之重要工業器材，與被佔領各國所取賠償器材，保持適當之均衡。

　B.同時要求美國，根據過渡賠償方案，單獨行動，立即訓令盟軍總部，允許中國在過渡方案百分之十五限度以下，可先預交起運。但向美聲明此百分數之規定，絕不應影響我方最後賠償分配額之百分數。

10. 以上兩案，雙管齊下，對美政府應發生相當效力，倘美方對 B 案不願負責，單獨行動，則我方對 A 案，將予堅持，是必為美方所力予避免者。

11. 其他各國而論，尤其英國，對 B 案本不熱心相助，但因對 A 案關切略同美方，或亦如美方而希望 B 案獲一解決，以緩和我方情緒。

12. 英國以外國家對 A 案恐意見不一，如法、荷等國，對此案或可予擁護。

13. 至於各國對 B 案，即使同情我方之困難，大多數仍必認此案應交遠東委員會提出，但我方如先提遠東委員會，必牽連其他償賠問題之原則，手續延擱而無結果，故以上策略，主先提美國單獨行動，並指出如提遠東委員會，則難有結果。雖美國或仍堅持將此案付交遠東委員會討論，然美國既了解我國急切態度，又明知遠東委員會一向遷延習慣，可藉以催促美國下一決心，萬一遠東委員會談論不得要領，美國擬準備單獨行動，如美方有此決心，遠東委員會或能破例迅速解決。

14. 上陳 A、B 兩案策略進行，須我內外一致，俾易解決，是否可行？敬乞迅賜核示，俾有遵循。

關於日本賠償歸還及工業水準等問題之說帖（壹）

日本賠償問題，為對日和約案中基本問題之一，而歸還問題，亦與之息息相關。因其內容重要，牽涉亦多，自宜專案予以研究；然此類問題之因應方案，固不能單獨釐定，而仍須以對日和約案之基本政策為依據，自不待言。

政府對於對日和約及賠償問題業已核定或公佈之基本主張及政策如左：

一、總統於三十七年五月二十一日曾宣示對日不採報復主義，而主張「合理的寬大」。

二、行政院第一〇三次院會秘密會議決定我對美方主
　　張，應力圖接近。

三、政府於上年九月間，決定對日和約案之方針，關於
　　賠償問題，規定我於不得已時，可酌情核減或全部
　　放棄。

四、去年美方提出對日和約七項綱要，主張各盟國放棄
　　賠償要求後，政府之決定為：「此舉雖非我所願，
　　但如反對，亦難獲實益，且與對日示惠之精神不
　　符，故在原則上亦應予同意，惟望能在賠款之外，
　　另獲物資或現金補償，如返還劫物等問題，對我
　　特予優遇，即其一例（我方此項希望，殊鮮實現把
　　握，縱使實現，實益恐亦極微，但不妨試洽）。」

上項基本主張及政策，前經本部轉知駐美顧大使，由顧
大使遵照答復美方之七項綱要，其關於賠償問題所作之
表示如下：「由於日本之長期侵華，中國人民所受痛苦
之久，犧牲之大，實較任何其他被侵國家人民為甚。茲
因中國境內之日產，不足以抵償合法之要求，而三年前
所收之一部份臨時拆遷，亦僅屬象徵性之償付，故要求
日本充分賠償因其侵攻而引起之損失，亦與公允之原則
完全相符。但為便利對日和約早日締結起見，中國政府
願放棄另提賠償之要求，惟以其他國家同樣辦理為條
件。如任何其他國家堅持付給賠償，中國政府縱不要求
受優先之考慮，亦將要求受同樣之考慮。鑒於中國對於
賠償問題所採之合作立場，希望美國政府就收回被劫財
產，歸還對中國有歷史及文化價值之若干藝術品，及將
原屬於『滿洲國』偽組織及臺灣銀行，而現在日本之資

產移讓中國各節，予中國以友誼之支助。在上述條件
下，中國政府對於日本歸還盟國財產，或在不能將財產
完整歸還時，以日圓補償業經同意部份之損失價值一項
建議，表示同意。」

（貳）

對日和約之積極議訂，值我政府退守臺灣之際，於我自
有種種不利，故有上述不得已之決策。下列各項情形，
目前仍屬存在，我於研議對於賠償問題等之方案時，不
得不予以鄭重考慮：

一、美國為應付遠東緊張局勢計，決定積極扶植日本，
　　故堅決主張各盟國放棄賠償要求，各國縱作相反之
　　主張，必難得美國之同意。菲律賓近曾有要求日本
　　賠款美金八十億元之議，美杜勒斯大使即一再表示
　　此議礙難實現，最多不過將此問題，列為懸案。

二、關於對日和約一案，我方最主要之問題，厥為我能
　　否參加和約之簽訂。目前英印等業已承認匪偽之國
　　家，固不願見我為和約之締約國，近且已公開作此
　　表示，即如澳紐等國亦已向美表示認為不應由我與
　　日簽訂和約。故將來我能否參加和約之簽訂，實繫
　　於美國及日本之態度。我如堅決要求賠償，既難望
　　美國之支持，自亦非日本所願，勢將加深我參加和
　　約之困難。我如竟不能簽訂和約，不僅使我原已低
　　落之國際地位，更受極大之損害，且我於和約後之
　　日本貿易關係及經濟合作等實際問題，亦將無法解
　　決，而於臺灣之發展，自多不利。

三、現美方固仍與我討論對日和約各項問題，然因我目

前之國際地位關係，我發言權原屬有限，矧我對於
賠償問題，與美採不同之立場，更難望發生作用。

（參）

有關各部於研議日本賠償、歸還及工業水準等問題時，
適美方所提和約稿業已送達我政府，因以政府前所決定
之政策為依據，並顧及上述我方目前之困難，將駐日代
表團對各該問題所提意見，連同美方約稿中有關條文，
併案研議，經就賠償及歸還問題，商定切實而較為可行
之方案如下：

一、顧大使前遵照政府決策對美方所作關於賠償問題之
　　表示，雖在法律上對我並無拘束力，然在道義上，
　　我不宜多所變更，且我縱予變更，亦難收實效。又
　　美方對於賠償問題之態度，既甚堅決，他國所提賠
　　償要求，亦難實現，我方即欲利用顧大使所表「其
　　他國家同樣辦理」之條件，似亦甚鮮希望。故我在
　　原則上仍不擬另提賠償要求。在此一前提下，我為
　　保持對業已接收日本資產之權益起見，似可對美方
　　約稿中有關賠償之第十四條條文，於試作下列修正
　　之建議後予以接受：

（甲）在第十四條各處所載「一九四一年十二月七
　　　　日」之字樣下，加入「對於中國，此項日期應
　　　　為一九三一年九月十八日」一語。蓋美方約稿
　　　　中之該項日期，實為其他盟國對日宣戰及實
　　　　際作戰之日期，我對日宣戰之日期，雖為一九
　　　　四一年十二月九日，然日本以武力侵華及我國
　　　　抗日實際開始之日期，則為一九三一年九月

十八日。惟此項適用於我國之日期，自不能同樣適用於其他盟國，故以列於括弧中，說明專對我國適用為宜。如此項日期不為美方所同意，則我於次一步應請其同意以一九三七年七月七日，即我國全面對日抗戰開始之日期，為專對我國適用之日期。

（乙）第十四條中各處所載之另一日期，即一九四五年九月二日，均改為「本約首次生效之日」，俾日本投降後至和約由首次生效之日間，我所接收之日本資產均包括在內，而不致發生問題。

（丙）第十四條中所例除外事項之（二）、（三）、（四）項，均予刪去，俾我所接收之日本使領館房產、宗教、慈善、文化或教育機構之財產，以及我所接收之機構如臺灣銀行等之在日資產，均可為我保有，而無需在和約生效後，歸還日本。（查盟國在第十四條之（二）、（三）、（四）項但書下所負之義務，依照第十六條前半段之規定，日本雖無請求予以履行之權，然為避免遭受其他盟國指謫起見，各該但書，仍宜予以刪去。）

（丁）在第十四條中，另加如下或類似之一項：「除依照第十條之規定外，日本及其人民並放棄依據在一九四一年十二月七日以前所訂之雙邊條約合同或契約而生之一切要求。」此項規定之目的，在使日本及日本人民放棄

其在投降前對我所享之權利。

二、關於歸還問題，我已由顧大使洽請美方予我以友誼之支助，俾我在此方面，獲得補償，而在美方所提約稿中，亦已有第十五條之規定。在事實上，自日本投降以來，盟總業已辦理歸還劫物各案，我方亦已接收一部份業已認明屬我之歸還劫物。歸還劫物之原則，雖早已確立，然其癥結所在，仍為證據之缺乏，而日方亦以無從尋覓為詞，致仍有甚多劫物，迄未歸還。現我自大陸退守臺灣，更難補提證據。且在日本被佔領期間，歸還劫物案之辦理，已甚見困難，將來日本恢復主權後，此種困難，自更增加。惟此事似非和約條文之如何規定所能補救，我惟有在和約訂立前後，尤其在和約訂立前，盡力設法搜尋劫物，予以收回，並洽請將偽滿在日資產，早日歸我接收。至對於約稿第十五條之條文，我似宜提請作下列兩項修正：（一）將請求歸還之期限，改為自和約首次生效之日起一年內，俾我得有較寬裕之時期，提出歸還之請求。（二）該條所稱「盟國及其人民」，當包括偽組織如我國之偽滿偽寧等組織在內。惟為免引起將來在解釋上之爭議起見，似可在該條第一句及第二句之間，加入如下或類似之一句：「凡原認為由任一盟國領土內之偽政府，如在中國之偽滿洲國政府及汪精衛偽政府者所保管，或屬於偽政府之財產，權利或利益，應視為該盟國之財產，權利或利益。」至該條內所稱「在日本境內之有形及無形財產」，自包括我所

提之金銀珠寶、文物及船舶等劫物在內，此類劫物屬於人民者，如有戰時損失及損害（如船舶之被炸沉等），依照該條之規定，我自有權取得補償。又關於臺灣銀行及臺灣其他團體、機構或人民在日資產歸還問題之解決，繫乎盟國之國民及公司等之定義，此點已於外交部關於美方所提對日和約稿之說帖中論及，茲不再贅。

三、美方所提約稿第十六條，規定日本及其人民放棄對盟國之要求，我自可予以接受。

四、查依照行政院前於三十五年十月間所通過之全國公私財產直接損失統計，該項損失總數已達美金 31,330,136,000 元，間接損失尚不在內。此外，依照財政部之統計，我尚有國內外之戰債，仍待清償，其外債部份，尚欠本金美金 186,333,649 元 53 分，英金 5,421,287 鎊 5 先令；國內公債部份，尚欠本金美金 102,483,255 元，英金 750,000 鎊。此項損失之重大，自非任何其他盟國所能比擬。又查近六十年來，日本與我數次交戰，我於戰敗後，均償付賠款。計依照馬關條約，我賠償庫平銀二萬萬兩，依照中日遼南條約，我賠償庫平銀三千萬兩，依照辛丑和約，我賠償日本部份為關平銀 34,793,100 兩。總計合關平銀 261,851,342 兩，約合一九〇五年之美金 194,293,695 元 76 分，已距美金二億元不遠。此次戰後，我既為示合作，俾得早日簽訂和約起見，已不另提賠償要求，應請美方同意在和約內規定由日本將現在之美金二億元償還我

國，在表面上作為我前付賠償款項之退回（此為其他各盟國所無之特殊情形），而在事實上則兼為日本對我所受一切鉅大損失之象徵性賠償。

五、以上若干方案之實現，究能至何程度，殊無把握，惟有盡力試請美方予以同意。至所提條文修正之文字，仍待隨時斟酌運用。

（肆）

至關於日本工業水準問題，在目前情形下，我國對於限制日本工業一節，似不宜作任何主張，駐日代表團之建議，已非實際情形之所許。美方約稿中對於此項問題，並無規定，惟據報英美兩國對此問題現正洽商中，我似可靜待其洽商之結果。

戰前及戰時日本尚未履行契約合同（條文、說帖、統計表）

條文

　　戰前戰時中國被佔領區公私經濟事業，與日本所訂貿易契約保險及再保險契約，未經履行完畢者，應否繼續履行，由中國政府就個別契約決定於和約簽訂後三個月內，通告日方照辦。貿易契約不繼續履行者，日方應於接到通告後一個月內，將所收定金按照收受時匯率折合美金，退還中國政府轉發原貨人。保險及再保險契約應繼續履行者，日方應於接到通告後一個月內，將應付保險金按照應付時匯率折合美金，繳交中國政府轉發原保險人。（列入政治條款中國專篇）

　　戰前及戰時臺灣公私事業與日本所訂貿易契約保

險，及再保險契約未經履行完畢者，應否繼續履行，由中國政府就個別契約決定，於和約簽訂後三個月內通告日方照辦。貿易契約不繼續履行者，日方應於接到通告後一個月內，將所收定金按照收受時匯率折合美金，退還中國政府轉發原定貨人。保險及再保險契約應繼續履行者，日方應於接到通告後一個月內，將應付保險金按照應付時匯率折合美金，繳交中國政府轉發原保險人。（列入財產權益條款專篇）

　　戰前戰時收復區及臺灣公私經濟事業與日本所訂貿易契約保險，及再保險契約未經履行完畢者，應否繼續履行，應由我方就個別契約決定通告日方照辦。（說帖）

說帖

（一）前言

　　收復區及臺灣公私經濟事業向日本定貨已交價款共計四億九千餘萬日元，賣貨未收價款共計九億七千餘萬日元，日本欠付收復區及臺灣保險賠款，共計三億七千餘萬日元。總計十八億四千餘萬日元（詳見附表）。此項貿易及保險契約就法理及國際慣例言，均應由日本繼續履行完畢或退還定貨價款，茲分別申論如後。

（二）收復區對敵契約

一、法理根據

甲、戰時對敵契約——戰時對敵契約是否有效，國際法上並無一般原則可循，大抵視各國國內法之規定如何而定。一般言之，大陸國家法律，戰時除禁止品外，皆視對敵契約為合法，而英美國家則認為對敵契約行為隨戰爭之開始，而當然禁止（Interdicted

ipso facto），但經特許者不在此限，我國戰時關於
對敵貿易契約行為所採之態度，非一概禁止，亦非
絕對放任，要視商品種類及係進口抑出口而定。歷
年經頒布獎禁輸出入商貨條例多種有案。我國對戰
時對敵契約之有效無效，雖未直接規定，然對敵契
約之商品，若與上開各項締約時期條例相違反，自
屬無效；若屬獎勵或不禁止輸出入之商品，自屬有
效，似無疑義。各該項條例之實際效力，雖僅及於
大後方，但在法理上，於收復區亦當有效。戰時對
敵保險契約之是否有效，則我國尚無法令規定。

乙、戰前對敵契約——戰前對敵契約，戰爭期間當然終
止效力，戰爭終止後是否繼續有效？國際法上亦無
定例，端視交戰國國內法而定。各國國內法對於此
項契約之是否有效，其規定每視契約性質而異，大
都不一概規定有效或無效，我國則迄無此項法令。
此項契約之是否有效，尚待分別利害詳加規定。

丙、接收敵營機構對敵契約——收復區接收敵營機構對
敵契約，與一般對敵契約性質稍異，國際法上尚無
原則可循，惟我既接收該項機構，則其債權或契約
權利，自應歸我繼承，日方對該機構若有未履行契
約，我方自得要求繼續履行或退還定金。

二、國際先例

甲、凡爾賽和約——凡爾賽和約經濟條款合同時效判決
專篇第二九九條規定：戰前交戰國人民彼此相互間
所成立之契約，概作無效論，但協約國認為要求履
行時不在此限。戰時交戰國人民所成立之契約，概

作無效，但經協約國特許者不在此限。此項契約之
履行，若因商業上情形變更，訂約之一方，受有重
大損失，則訂約人得要求混合公斷法庭公斷，決定
一種公平數額，以彌補其損失。

乙、意大利和約——意大利和約契約，時效及流通證
　券附款契約專篇規定，戰前對敵契約應一概歸於無
　效，惟下列各項不在此限。

　　1. 預付定金應退還。

　　2. 戰前所訂，戰爭開始後經盟方特許執行之對敵
　　　契約仍屬有效。

　　3. 保險及再保險契約之歸於無效或仍繼續有效，
　　　由有關盟方與意大利訂立個別協定規定之。

　根據上二條約，我方對於戰前戰時對敵契約自可分
　別規定其有效無效，有效者令日方履行完畢，無效
　者令其退還定金。

（三）臺灣對敵契約

一、法理根據

　　領土之割讓不影響割讓地人民之私權及原屬國之義
　務，此為國際法上公認原則。所有與原屬國貿易契
　約，自應繼續有效，至保險及再保險契約，若保險
　公司在割讓地內並無資產被受讓國接收，或其被接
　收資產數目不足以清償保險賠款，則此項契約自應
　由原屬國負責履行完畢。

二、國際先例

甲、凡爾賽和約——凡爾賽和約歐洲政治條款亞爾薩斯
　勞蘭專篇第七二五條規定，戰前戰時亞爾薩斯勞蘭

與德國所訂一列契約均應繼續有效，但法國政府於和約生效六個月內通告德國廢止者不在此限。又，經濟條款割讓領土內之社會保險及國家保險專篇第三百十二條規定，德國政府應將其所監督之公私機關所存儲款項之一部分，用以辦理割讓地社會保險及國家保險者移交於受讓國，以履行此種保險所發生之義務。

乙、意大利和約──意大利和約割讓地經濟財政附款第十三條規定，割讓地與原屬國間之債務契約仍應繼續有效。第七條規定割讓地公私社會保險欠款，應由原屬國將準備金之一部分移交受讓國代為向原保險人清償。根據上二條款，日本與臺灣所訂一切契約，我方自可要求日方繼續履行完畢，或退還定金。

收復區及臺灣向日本定貨已交價款統計表

臺灣區	63,542,089.45 日元
東北區	773,899.87 日元
華北區	26,359,508.76 日元
華中區	402,534,923.64 日元
華南區	601,731.82 日元
總計	493,812,153.54 日元

收復區及臺灣向日本買貨未收價款統計表

臺灣區	
東北區	101,014,000 日元
華北區	875,491,894 日元
華中區	日元
華南區	日元
總計	976,505,894 日元

日本欠付收復區及臺灣保險賠款統計表

臺灣區	343,142,079.02 日元
東北區	
華北區	
華中區	29,865,600 日元
華南區	373,007,679.02 日元
總計	746,015,358.04 日元

戰時中方所頒布獎禁輸出入商品條例一覽表

一、非常時期農礦工商管理條例：二十七年十月六日國
　　府修正公布，規定經濟部對於指定物品之輸入輸出
　　得因必要分別限制或禁止之。

二、出口貨物免稅品目表：二十八年五月二十四日財政
　　部頒行。

三、修正非常時期禁止進口物品辦法：三十年九月一日
　　財政部公布詳列禁止進品物口三百二十餘種，除得
　　由財政部查酌實際需要情形，核發購運特許證外，
　　一律禁止入口。

四、修正禁運資敵物品條例及修正查禁敵貨條例：三十
　　年九月三日國府公布。前一條例規定，凡國內物品
　　足以增加敵人之實力者，一律禁止運往敵國，其殖
　　民地或委任統治地及淪陷區。後一條例規定，指定
　　之敵貨一律禁止由敵國及其殖民地或委任統治地及
　　淪陷區進口及運銷國內，至資敵物資及禁止進口敵
　　貨之種類，則由經濟部指定公告。

五、戰時管理進口出口物品條例：三十一年五月十一
　　日國府公布，將商品分為（一）由主管機關核准
　　方准進口。（二）非經財政部特許，一律禁止進

口。（三）絕對禁止進口。（四）由政府機關報運
出口。（五）須先結滙方准出口。（六）須先經
特許，方准結滙出口。（七）須經特許，方准出
口。（八）須先經專管機關特許，方准結滙出口，
（九）絕對禁止出口等九種，一一詳列商品名。

六、戰時爭取物資辦法大綱：三十一年六月二十二日
行政院公布，列舉商品名目二百餘種，獎勵自敵國
或淪陷區搶購運入，搶購物資得給獎金，並予以滙
兌、運輸、保護、減免捐稅等種種便利，並得向
中央信託局投保兵險，遇有不可抗力之損失，並得
由政府給予全部或一部之補償金。

日本在收復區及臺灣所發公債（條文、說帖、統計表）

條文

日本在中國佔領區所發行之公債本息，應於和約簽
訂後六個月內，由日本按照發行及應付息時之滙率，分
別折合美金繳付中國政府，轉發債券持有人。應行清償
債券之種類數目及付款日期，由中日雙方另訂協定處理
之（列入政治條款中國專篇）。

日本在臺灣所發行之公債本息，應於和約簽訂後六
個月內由日本按照發行及付息時之滙率分別折合美金繳
付中國政府，轉發債券持有人。應行清償債券之種類數
目及付款日期，由中日雙方另訂協定處理之。（列入財
產權益條款臺灣專篇。）

日本在收復區及臺灣所發公債，應在和約中列入條文，責令負責清償（說帖）。

說帖

（一）前言

日本在收復區及臺灣所發公債共計二十餘億日元，以臺灣最多，其次為華中，詳見附表。有大東亞戰爭國債、戰時報國債券、支那事變國債、戰時貯蓄債券、日本報國債券、賜金國庫債券、國庫債券、公債證書等八種。此項公債，就法理及慣例言，中國均無代為償還義務，應由日政府負責清償。茲就收復區及臺灣分別申論如後。

（二）日本在收復區所發公債，應由日本政府負責清償

一、法理根據

甲、交戰國間債權債務之存廢不受戰爭影響，此為國際法上一般之原則。日本在收復區所發行之公債，自應由其負責清償。

乙、日本在收復區發行公債，其目的在搜括戰費而非建設當地性質，在情理上我方亦無負責清償之理。

丙、我方對日債務不擬取消，日方對我債務自不得免除。

二、國際先例

甲、凡爾賽和約有關規定──凡爾賽和約經濟條款債務篇第二九六條規定，相對國發行之證券在戰前及戰時到期應歸還締約國人民之本息──應於締約國通告後三個月內清償。如有異議，

由混合公斷法庭解決之。

乙、意大利和約有關規定——意大利和約財產權益
　　條款債務篇第八一條規定，交戰國彼此戰前所
　　欠，戰時到期之債務應互相清償。

上二和約雖僅規定應行清償之債務為戰前及戰時到
期者，但戰後到期者應清償，自不待言。又上二
和約均未規定在戰時所生債務如何解決。此因中國
被佔區廣大，時期長久，日本得以從容發行公債及
成立其他債務，而在歐洲戰爭則並無此可能。惟該
二約規定之精神均在凡屬交戰國間債務不受戰爭影
響，據此，我當可要求日本自行清償在收復區所發
公債。

（三）日本在臺灣所發公債應由日本政府負責清償

一、法理根據

割讓國在割讓地所發行之公債，受讓國並無承受其
責任之義務，但若該項公債係充作當地建設之用
或以當地資產作為擔保者不在此限。此為國際法上
公認之原則。日本在臺灣所發行之公債，均係用以
補充戰費，並無建設性質，且該項公債均屬全國性
質，自不以當地資產作為擔保，故該項公債應由日
本政府負責清償。

二、國際先例

甲、凡爾賽和約有關規定——凡爾賽和約財政條款第
　　二五四條規定，受讓國負責清償割讓國所發公債本
　　息，但涉及付款之應歸割讓國政府者，倘未能繳
　　清，則列入賠償項下。此項規定所謂涉及付款之應

歸割讓國政府者，應即係指該項公債若非充作建設當地之用。又非以當地資產作為擔保者，割讓國政府應負責將清償款項交付受讓國代為清償。

乙、意大利和約有關規定──意大利和約第十四附款割讓地經濟財滙條款第三條規定──受讓國政府不負償付意大利在割讓地所發公債之責，但若該項公債係充作當地公益之用，而非直接間接作軍用，並發行於公債四〇年六月三十日以前者不在此限。

日本在臺灣所發行之公債，係充作戰費或間接支持侵略戰爭，並不在上二約規定應由受讓國負責清償之範圍內，自應由日本政府負責償還。

日本在收復區及臺灣所發公債統計表

臺灣區	2,329,311,927.50 日元
東北區	42,420.70 日元
華北區	3,689,643.50 日元
華中區	404,655,153.93 日元
總　計	2,737,699,145.63 日元

二　抗戰損失賠償辦法綱要草案

抗戰損失賠償辦法綱要草案

一、抗戰期間損失之賠償依本綱要之規定。

二、本綱要所謂損失，以自九一八事變日起至抗戰勝利之日止，凡在中華民國領土內所有中國之公私機關團體或人民，因抗戰被敵強佔奪取、征發、破壞、轟炸、殺戮、姦擄或其他暴行遭受之損失，經依照規定調查辦法於行政院命令規定期限以內，報經行政院賠償委員會審查登記有案，並取得適當憑證可

資認定損失屬實者為限。

三、損失之時期分左列兩期：

前期：自民國二十年九月十八日起，至二十六年七月六日止。

後期：自民國二十六年七月七日起，至三十四年九月三日止。

凡屬於前期或現在之綏靖區及匪區者，其登記之期限由行政院另以命令展緩之。

四、公私損失之劃分及其類別如左：

第一類：財產損失

甲、直接損失

1. 屬於國家或公有者：

（子）戰時國家經常臨時歲入減少之損失。

（丑）戰時國家經常臨時歲出增加之損失。

（寅）收復區金融破壞後維持幣鈔等基金之損失。

（卯）各級政府及其所屬機關公有財物之損失。

（辰）國營或公營事業財物之損失。

（巳）其他經審查登記有案者。

2. 屬於私人（包括自然人及法人）者：

（子）屬於建築物及固定設備者。

（丑）屬於生產工具機器牲畜或設備者。

（寅）屬於運輸工具者。

（卯）屬於原料材料產品或存貨者。

（辰）屬於服著物者。

（巳）屬於傢具什物者。

（午）屬於古物書畫及陳設用品者。

（未）屬於珠寶及飾物者。

（申）屬於生金銀現款股票及有價證券者。

（酉）其他經審查登記有案者。

乙、間接損失

1.屬於國家或公有者。

（子）公營事業可獲純利額減少及其費用增加之損失。

（丑）戰後各機關為善後救濟恢復等費用之損失。

（寅）其他經審查登記有案者。

2.屬於私人（包括自然人及法人）者：

（子）各種營業可獲純利額減少及其費用增加之損失。

（丑）死傷及流亡人員之醫療埋葬遷徙等費用之損失。

（寅）其他經審查登記有案者。

第二類：人口傷亡損失

甲、屬於公務人員者：

（子）直接參加作戰傷亡將士，已由政府給予撫卹者。

（丑）協同作戰傷亡人員，已由政府給予撫卹者。

（寅）各級機關公教人員，因執行抗戰業務傷亡已由政府給予撫卹者。

乙、屬於私人者：

（子）因被敵機轟炸、殺戮以及強姦、陷害等暴行而致死亡者。

（丑）因被傷害而致身體殘廢者。

（寅）因戰爭以致流離失所、凍餒或疾病而致死亡，或致殘廢者。

五、凡合於本綱要規定之公私損害，應於我國所得日本全部賠償總額內支配賠償之。在國外僑民及公私機關團體列報登記之損害，因依照互惠辦法已由居留國給予賠償者，不再列入賠償。

六、我國所得日本全部賠償，無論其為現金或拆遷工廠設備，或其他物資，統由政府接收之。並得由政府將工廠設備及物資作價配撥國營事業利用，或作價配售民營事業使用。其應得價額連同賠償之現金，一律先行由國庫分別列收。

七、日本賠償之工廠設備或物資，其價值之計算，以和會所估定之價值為準。

政府支付拆遷工廠或接運物資之費用，除配售民營事業機具或物資已攤入售價者外，應於前項所得價款內儘先扣除之。

八、損失賠償以現金計算為原則，在獲得日本賠償物資未能全部配售完畢，或配售之價款未能全部繳清前，政府得以有息債券付給之。

九、私人（包括自然人及法人）損失之賠償，其支付標準依左列原則辦理之。

甲、財產損失部份：依財產損失種類分類，分級訂定支給標準。

乙、人口傷亡損失部份：依傷亡與殘廢情形分類、分級，訂定支給標準。

十、前項標準分別以現金規定，其數額並得視有關人民

生活必需物品及產業之損失情形，決定其支給之優
先程序。

十一、損失賠償以直接償付受損害者或其繼承人為原
則，必要時中央得適用對省市或縣（市）集體賠
償方式支付之。省市亦得適用縣（區）集體賠償
方式支付之，縣（區）以下由省市政府及省市民
意機關決定之。

十二、前項集體賠償，得為舉辦有關公共福利救濟事
業或地方建設事業之一種或數種，其實施方法
或種類，由承受集體賠償單位之最高民意機構
決定之。

十三、人民列報損失金額概折合為二十六年上季之幣
值，為損失賠償之計算單位。

十四、本綱要實施細則另定之。

三　關於賠償問題的商談經過

甲、遠東委員會商談賠償問題之經過

波茨坦宣言，規定日本應以工廠設備作為賠償，其
保留之工業，以維持其平時經濟生活為限。遠東委員
會根據此項原則商討對日賠償工業種類，及工廠與設
備之數量。美國並派鮑萊專使率同美國專家多人，往
日本、朝鮮及我國東北各省考察，先後提出臨時及詳
細報告作決定對日賠償政策之參考。又一九四六年三
月，美國曾擬具非正式臨時賠償計劃，供遠東委員會
各會員國研究。

惟對日賠償問題各國意見甚不一致，蘇聯認為所有

日本在國外財產之處理，不在遠東委員會職權範圍以內，故此項財產不應交該會討論，經於一九四六年二月間，向遠東委員會提出。此事牽涉甚廣，除由吾國東北移去之物資外，所有在千島、南庫頁島及韓國之日本財產，均包括在內。英國對此項提議堅決反對，其他各國，亦不贊同，致陷僵局。美國為打開此一僵局起見，從中斡旋，迭經外交途徑，與蘇聯談判，折衷辦法，終以蘇堅主在我國東北移去之器材，與千島、庫頁島之日本資產不得列入賠償，否則拒絕參加任何賠償會議，美蘇談判遂於十月十七日宣告停止。致一九四六年七月間，遠東委員會決議召集賠償會議一事，亦因蘇聯拒絕參加未能實現。舉世矚目之對日賠償問題因之延擱。

乙、鮑萊賠償報告

　　美國賠償專員鮑萊大使，先復提出臨時及詳細報告，擬定日本應保留之工業及生產量，其餘工廠均拆充賠償。在解除日本一切軍需製造設備之原則下，仍使日本人民能維持合理的經濟生活，與其他國家，尤其是最近受其侵略之國家，和平共處。鮑氏力主迅速將機器撤運，免因停工及曝露過久，日漸損壞。

鮑萊不主張以下列方式支付賠償，並列舉其理由如次：

（一）勞力——因申請賠償國家，皆有多量之勞力，如由日本輸往勞工，將延緩各國勞工生活水準之提高。

（二）現存工業之生產品——若以生產品作為賠償，實等於擴充日本工業，可使日本於交完賠償物資

後，有多餘之生產力，可能儲為作戰之潛在力，或在國際貿易市場成為有力的競爭者，阻礙鄰國之工業化。

（三）現存貨物（黃金及其他貴金屬除外）——此種貨物，日本須於過渡期間，用作商品出口，俾可購買最急要之糧食及原料。

（四）商業組織之股票及債券——用此項證券作賠償，非但違反用工廠設備作賠償之原則，反藉盟國經濟力量，建立日本工業。

茲將鮑萊報告中，所建議保留日本工業之數量，與提供賠償數額，撮要列舉於次：

一、造船——日本商船裝載噸位，不得超過 5,000 噸，最高速度限 12 海里。總噸位不得超過 1,500,000 噸，其中 125,000 噸作為本國各島間航運之用，125,000 噸航行朝鮮北部及庫頁島，125,000 噸航行大連、朝鮮、臺灣及中國本部。

可供賠償之商船為114 艘（5,000 噸或超過者）除保留大船廠 10 所，小船廠 12 所外，可作賠償之船廠約 30 至 40 所。

二、紡織業——紡紗機及織布機為應本國需要，均不作賠償之用，繅絲廠亦不作賠償。但為增產食糧起見，日本不應再增植桑樹。

三、工具機——准留存 175,000 座，可拆作賠償用者，計 600,000 座。

四、鋼鐵——日本鍊鋼鐵設備應減至年產銑鐵 500,000 公噸及鋼塊 1,250,000 公噸，軋鋼設備應減至

　　　　1,500,000 公噸，其餘均拆充賠償之用。

五、鐵路——保留年產機車 22 輛、客車 800 輛，與貨
　　車 4,800 輛之設備。

六、樹膠——人造樹膠廠 8 個，全部折充賠償。

七、鎳及鋁——鍊鎳及鍊鋁廠全部拆除。

八、銅——年產精銅 15,000 噸，軋銅 75,000 噸之設
　　備，可拆充賠償。

九、硝酸——僅准保留年產 12,500 噸之設備，其餘約
　　240,000 噸之設備，悉予拆除。

十、燒礆——保留年度 300,000 噸之設備，其餘 450,000
　　至 500,000 噸之設備，悉予拆除。

十一、發電廠——日本火力發電廠 282 個，共發電量
　　　4,000,000 瓩，以一半折充賠償。水力發電廠拆
　　　除數目容再調查決定。

十二、人造石油廠——除一部份留作製造肥料外，餘均
　　　拆充賠償。

丙、駐日盟軍總部辦理賠償案之經過

（一）依照遠東委員會通過之臨時賠償十二項工業範
　　　圍（兵工、航空、造船、工具機、鋼鐵、軸
　　　承、火力發電、硫酸製礆、人造石油、人造
　　　樹膠、輕金屬）擬定可作賠償之工廠名單，於
　　　一九四六年五月及八月分兩次公佈。並令日本
　　　政府，將該項工廠交由第八軍監管。惟因選擇
　　　時考慮未週，復因時間施延過久，致此項工廠
　　　名單頗多變動，但大致仍與原提名單相同。

（二）盟軍總部依據工廠名單，先將電力廠工具機廠
　　　分類製成工場目錄及機器清冊，發交各國代表
　　　團，作為選擇賠償工廠或其設備之參考。該項
　　　目錄現已編就，不日即可分送。

（三）盟軍總部處理賠償之機構，原係經濟科學組工
　　　業科下之一部門，地位較低，運用不便。近鑒
　　　於賠償工作之重要，全部改組，成立賠償執行
　　　處，直屬參謀長。由副參謀長哈理遜兼任處
　　　長，麥克爾強任副處長。凡拆作賠償之工廠及
　　　設備，經總部經濟科學組工業科選定後即移交
　　　該處處理。所有保管分配及拆運工作，皆由該
　　　處負責。

丁、賠償工作推進之困難

　　我國遭日本侵略最久，蒙受損失最大，戰後從事建
國需要機件極多。故自日本取得賠償物資，實為當前最
重要工作之一。本團深感此責任之重大，故成立以還，
即從各方面調查日本工業狀況，尤注意可提作賠償之工
廠，與盟軍總部及有關盟國密切聯絡，以期消息靈通，
意見融洽。又隨時與政府及國內有關機構，交換情報與
意見，俾此間所得物資，能配合國內之需要。惟是辦理
以來，除因各國意見不能一致，使整個賠償工作延擱，
非我國一方面可以解決之根本問題外，其他事實上之困
難亦多，茲特列舉於次：

（一）調查之困難

　　凡充賠償之工廠，盟軍總部不准盟國人任意前往參

觀，故其設備情形及生產能力，無法調查。一切資料僅能從旁搜集，且總部禁止日政府與盟國人員隨便來往，致使從旁探聽消息亦頗艱難。

再查日方在投降時曾下令將所有重要資料燒毀，即在投降後所保留僅有之記錄，亦均為美軍搜提，加之各大都市迭遭空襲，圖書雜誌損失甚多，致使搜集參考資料益感困難。

（二）通訊之困難

日本戰事雖告結束，但對外交通尚未完全恢復。寄遞信件固甚困難，即電信來往亦頗費時日，致使本團與華盛頓及國內各機關無法密切聯絡，消息隔閡，對工作效率頗受影響。

（三）因拆遷政策未定，工作上遭遇之困難

因遠東委員會對賠償政策，尚未決定，盟軍總部無所遵循，致具體方案至今尚未擬定。即對於參觀及選擇各項步驟，每因事實上之困難，亦未完全決定。雖間有規定辦法公佈，而不時變易，其擬定之工廠，常有更改，致本團對選廠準備工作，因無固定根據，進行殊感困難。

（四）實施拆遷時之困難

賠償工廠之拆卸，及運至盟國自備之船上，由日本政府負責。現在日本已在商工省內成立賠償實施局，主持民營軍需工場廠、飛機製造廠及其他提充賠償各民營工廠之拆遷事宜。關於陸海兵工廠之拆遷，在大藏省內成立國有財產部，負責辦理。但實際拆遷工作，將包由民營建築公司辦理。查此類公司多係日本退伍軍人組

織，對拆卸及包裝機器之技術，固未見熟練，加之器材
被運往他地，心理不無反感，工作疏略，勢所難免。機
器或將損壞機件裝船後，搬運回國之運輸，須由我國自
行負責，非但數量極多需要充裕之設備，且種類複雜，
運送口岸各異，如稍有疏忽，即不免喪失零件，或運錯
口岸，到達後每可因零件不齊，無法裝置，影響極大，
故必需有大量人力、財力，方可有濟。惟盟軍總部對盟
國人員前來日本，限制極嚴，入境甚是不易。又中日兩
國滙兌未通，款項無法接濟，工作推進更感困難。

戊、結論

　　總之將日本工業設備，提充賠償，因各國竟見不
合，迄未能付諸實施。在原則方面，先須決定日本戰後
工業水準，因而確定留存之工業設備，其餘悉可提充賠
償。但此項工業水準，日本固力求提高，各盟國間意見
亦不一致，鮑萊大使對保留工業設備，曾發表報告，但
最近美國派施德納克來日考察，事後發表意見，謂日本
工業水準及留存之工廠設備，應予提高。但究應提高至
如何程度，尚未見正式發表。

　　美國為求迅速推進起見，曾向遠東委員會提出第一
批賠償計劃，盟軍總部依據此計劃之範圍，指定撥充賠
償工廠九百二十三所，但以賠償會議未能舉行，各國應
如何分配，未經議妥，無法實施。最近報載美國擬定
在第一批賠償計劃之物資中，提出百分之三十，先行分
配，內中國佔百分之十五，英國、荷蘭、菲律賓各佔百
分之五，此項建議聞已送遠東委員會討論，能否實現，

尚難逆料。惟是對日賠償旨在經濟上解除日本作戰能力，意義重大。我國從事工業建設，需要機件甚切，深盼全國有關人士，共同促其實現。本團職責所在，自當竭力以赴，俾竟全功也。

四　臨時賠償先期拆遷

駐日代表團來電

民國三十六年七月二十四日

第八六四號。二十四日。南京外交部並請轉呈行政院。先期拆遷早經華府照知盟軍總部執行，分配中、菲、英、荷四國。但總部一再遷延，最近雖稱計件工具機即可拆遷，但規定手續繁瑣，最快亦須兩月，方可啟運。且範圍縮小，數目減少，不能配合受災國家迫切復興需要，我方請求先取碼頭鐵路工廠起重機，發電廠設備，尚無肯定答復。鋼鐵軸承，原在賠償範圍以內，而最近會議，英美意見頗有不予列入先期拆遷之議，其他工廠名單亦一再修改。最近 STRIKE 代表團將再度來日，協助設計復興日本工業計劃，勢必影響賠償全案，足證總部政策以減除美方負擔為名，著重復興日本經濟。對受災國家賠償問題，未免漠視。除由此間隨時力爭外，擬請早向遠東委員會及美國務院積極交涉，予以壓力——茲值魏德邁來華之際，擬請轉達此情，並將國內迫切需要而可立即裝用之設備，提出簡明方案，請其向美總統建議，並轉知麥帥，或可收旁敲側擊之效。又歸還物資亦擬請不必苛求證據，早予歸還駐日代表團。

駐日代表團來電

民國三十七年五月二十九日

南京外交部鈞鑒：密。查美國強斯敦報告發表後，日本賠償局勢又步入一新階段，我國宜如何把握時機，據理力爭，並發動中外輿論，以利交涉，業經以四〇八及四一二號電敬陳管見，藉供採納在案。連日對於此種局勢續加研討並與盟總及其他有關友邦人士頻作接觸，深感目前已屆緊要關頭，如不迅作進一步之積極推動，盟總執行先期拆遷臨時指令可能儘量繼續拖延，僅以日政府所有之兵工廠敷衍目前，以特將來強斯敦建議之臨時指令果能頒發，而遽將賠償工作納入結束之途。復經檢討年來賠償工作執行經過，可知最初美國務院態度確甚積極。去年四月毅然頒發先期拆遷臨時指令，足資明證。惟東京盟總執行工作始終採取延宕政策，指令頒發後，一再拖延，直至去年九月經我國會同各國代表力加催促，始開始實際拆遷。截至現止，一切措施仍僅限於國營兵工廠。至於設備較優，數量更多之民間軍需工業及飛機製造業兩項，純屬兵工性質，根據波茨坦宣言之精神及遠東委員關於賠償問題所已通過之政策，均應全部提充賠償，毫無疑義。盟總執行拆遷，本應依照各國賠償代表團商定之程序，繼國營兵工廠之後，迅即著手及此，乃竟趑趄瞻顧，遲不執行，故留餘地，俾斯揣克報告及強斯敦報告相繼主張將此類工業保留一部份，而以強斯敦報告所主張為尤激越。此不過為一顯例，其他種種跡象，足以證明盟總不肯忠實執行先期拆遷指令者，實不止一端。查援日復興固為美國之一般外交政

策，但以上兩報告偏激之主張，顯係別具懷抱，謂之代表軍部及少數資本家之意見，似當更近事實。蓋國務院顧慮他國之反對，似未盡贊同。按兩報告對於賠償數量，竭力削減，甚至主張保留一部份兵工業，其表面理由，無非為助日經濟復興；其實日本目前所有之原動力運輸金融力量及對外貿易，皆極短絀疲敝，絕不足以全部利用其現有之工業設備。換言之，日本工業設備實有多餘，此項多餘設備保留於日，對於日本經濟自給，並無直接利益。但如拆遷至被害各國，迅於運用，則誠有助於各該國之復興，間接有裨於整個世界之經濟，收效當更宏遠。代表軍部之人士所以不肯作此公正合理之主張而一味袒日者，乃純從軍略眼光圖謀扶植日本，而於經濟大勢並未顧及。盟總原屬軍部系統，所見自不免與軍部略同，其執行賠償，故事延緩，尤有互為表裏，促成變化之作用，此種情形至為明顯，即盟總內部亦不乏有識之士，或為經濟專家或為主管賠償之人員，於私人密談中表示同樣看法，且有不勝其唏噓憤慨者，足見盟總之不肯忠實執行其政府命令。即在美國人士之間，亦已引起重大不滿。查賠償關係我國最為深切，屆此緊急關頭，我國允宜首先抗爭，對於美軍部建議過份寬縱之對日政策，固應力斥其非，對於盟總執行工作之態度，尤宜予以抨擊，藉促反省而期糾正。日前國內輿論對此已有激昂表示，且間有過火者，我國政府似宜把握時機，善用民氣，一面依循正常外交途徑對盟總加以壓力，促其依照程序迅將飛機製造業及民營軍需工業實行分配拆遷，一面在美國聯絡彼邦較有地位而識見宏遠之

人士，對於盟總偏私而不忠實之態度發出嚴正批評，藉以喚起輿論。則於盟總態度之糾正及整個賠償工作之推動，當有莫大裨助。所見是否有當，理合電陳，敬祈酌裁為禱。駐日代表團接辰艷。

駐日代表團來電

民國三十七年八月二十八日

南京外交部鈞鑒：奉鈞部（一○四一）號電飭催盟總切實執行先期拆遷，迅將飛機工廠與民營軍需工廠提出分配等因，查本案迭經本團接委會向盟總賠償組交涉，並在賠償技術顧問委員會提出質詢。七月十日本團又正式行文盟總外交組，略以先期拆遷係由美政府令飭盟總辦理。該令既未廢止，又無另令代替，盟總不應遷延。飛機工廠與民營軍需工業，為主要戰爭工業，與日本平時經濟無關。早經遠委會決定全部拆遷，更不應保留，希其迅予提出分配等語。茲准盟總外交組覆函，以盟總對於先期拆遷受償國家之急切需要，甚為明瞭，陸海軍兵工廠設備已提出拆遷，惟實施以後，因日本經濟工業上之需要未定，此問題已在美政府及其他遠東委員會會員國積極研究之中，此時盟總似不便取迅速之措施，但望問題早日解決，中國之需要能早日達到等由。茲特隨電檢呈本團去文及盟總覆函各一份，敬祈鑒核。駐日代表團未儉。

駐日代表團來電

民國三十八年五月十七日

第五八號。十七日。廣州外交部並轉行政院賠償委員會。據遠東委員會李代表惟果灰電,以美國將停日本賠償先期拆遷,並對日本工業水準不擬限制等由。此間各報辰元起亦紛載此項消息,惟本團迄未接獲正式通知,我國首受影響者為吳港電廠及起重機。寒辰據報,電廠拆卸已奉當地軍政府令自即日起停止。本日派員向盟總探詢,據稱此係暫停停止拆遷執行細則,尚未訂定已分配之賠償設備,是否停止拆遷,亦未確定等語。查二十個兵工廠剩餘設備,或已開始拆卸,或早經中、英、荷、菲協議分妥。惟因盟總拖延一部分分配,通知迄未發出。此項設備為數有限,不致影響日本經濟力。但如一概停止拆遷,非惟受償國種種準備及所派監拆人員均歸無用,且與已運回之設備亦將失去配合。除根本對策,除仍應靜候鈞部(會)訓示軍府方面交涉外,關於執行時之技術問題似應就以下二點向美力爭:(一)已開始拆卸之設備,如吳港電機及已正式分配尚未開始拆卸者,如吳港起重機,均應照常拆遷。(二)凡經四國協議分妥尚未發出正式分配通知者,亦應照常分配拆遷。聞盟總日內即將決定執行辦法,時機極迫,除向盟總力爭並將以上二點電知李首席代表外,理合電祈鑒核示遵。駐日代表團接。

駐日代表團來電

民國三十八年五月二十六日

第七七號。二十六日。廣州外交部，第三七〇號電敬悉。此案經向盟總一再力爭，除由接收委員會口頭交涉並書面抗議外，辰皓團長親訪盟總參謀長，提出交涉，翌日並去函要求迅即恢復吳港電廠及起重機拆卸工作。頃准李代表電告，依照美辰文指令，先期拆遷設備，已著手進行者仍應繼續拆遷，本日復致盟總備忘錄，抗議如下數點：（一）已經四國協議分妥之設備一部份耽延已久，請如數迅發分配通知。（二）已分配之設備，係一種契約行為，中途廢棄，我國耗用之人力財力，將全損失。（三）未正式通知我方，逕停吳港拆卸。請說明理由。（四）我國需要吳港設備甚殷，請迅即恢復拆卸。（五）根據美指令，我方認為二十所兵工廠全部電力及剩餘設備，均已著手進行，應仍繼續拆卸包裝。（六）據日賠償廳廳長山口宣稱，盟總已口頭命令兵工廠二所停賠，請說明何以未通知受償國？除文稿另呈外，理合電復，敬祈鑒核，駐日代表團接。

附註：東三七〇號去電——吳港電廠既已拆遷者，仍應照常拆遷，希向盟總提出力爭具報。機要室註。

賠償委員會致外交部電

民國三十八年七月三十日

外交部公鑒：本年七月廿一日穗外東一字第七二四一號代電誦悉。查我國在先期拆遷案下，業已運回之賠償物資，計有第一、二兩批及第三批之一小部份。第一、二

批運回物資，計為工具機及輔助金屬成形及截剪機械兩
類。工具機中包括鏜床、拉床、鑽床、切齒機、磨床、
車床、銑床、龍門、刨床等須輔助金屬。成形及截剪機
械中，包括彎摺機、水壓機、機械壓機、剪刀及冲眼
機、鍛工機線絲、成形機、手壓機等項共計 7,686 部，
重量 52,000 另 34 噸。第二批為試驗設備，共計 1,690
具，重量 735 噸以上。一、二兩批均經交由各分得機關
接收使用，至在廣州、臺灣有無存儲，本會無案可稽。
第三批物資係盟總最近確定分配我國者，計分電氣設備
及剩餘設備兩類，電氣設備包括一萬五千瓩的蒸氣發
電機一套，450 瓩柴油發電機一套，汽動發電機三套，
馬達發電機 28 套，1,000 瓩變壓器 3 具，配電所 11 所
等項，重量661 公噸。剩餘設備中，包括煉鋼用 30 噸
平爐 2 套，10 噸電爐 2 套，6 噸電爐 1 套，半噸電爐 1
套，鍋爐 75 套，空氣壓縮機 145 套，起重機 425 具，
煤氣發生爐 3 套，電焊機 313 具，汽油桶製造設備1
套，養氣製造設備 2 套，各種馬達 839 具，各種打水機
306 只，各種車刀銑刀 150 噸等項，計重 19,166 公噸。
兩共重 19,827 公噸。已於本月初運抵臺灣基隆者，為
660 公噸。其餘 19,167 公噸，正洽派船隻續運中，相應
復請查照為荷。賠償委員會穗二午陷印。

駐日代表團來電

民國三十八年九月八日

第一號。八日。重慶外交部並轉行政院賠償委員會。賠
技顧問委員會申魚開五十次會議：（一）分餘先期拆遷

剩餘設備處埋小組負責人員美首席代表報告，已參觀（一九一一八）、（一九一二○）、（二四一四）、（二四一五）等廠，發現（一九一一八）、（一九一二○）廠內分餘設備百分之九十以上無保留價值。（二四一四）、（二四一五）廠中七八九件僅三七件值得保留。另有一批馬達、變壓器、油開關等擬託駐軍民事部根據已有紀錄或重新查驗，以定去留。又發現一部份馬達，可否檢驗後分配，主席允予考慮。報告前次會議，詢及特殊機器破壞情形正在蒐集，容後公布。又稱，該顧問委員會俟先期拆遷物資裝運完畢，方予結束。駐日代表團接。

五　中國對日債務問題的處理意見

中國對日債務問題

一、政府所負之債：此類債務，應依其性質分定處置方法：

（一）庚子賠款：應依凡爾賽和約第一二八條之先例予以取消。

（二）建設事業借款：此項借款皆係用於開發交通及工礦事業者，因戰前中國之建設事業皆分佈於東北各省及平漢、粵漢兩路以東之地區。而日軍之侵略行動遠及於廣西、貴州、中國建設現代國家之一切努力與成就，其尤要者如電信、鐵路、林礦等事業及大規模之工廠等，不被極端破壞，即被用於支持其侵略戰爭。以鐵路一端而論，在華北、華中及華南者，至少已被控制七年有餘。而

在東北者則久至十四年以上。中國認為僅就日人佔用中國淪陷區交通林礦設備期間之長而言，其所獲不當利得，實遠過中國為興建此類事業所負擔之債務。故此項債務應在中國損失賠償要求項內扣除，而由日本政府負償還債權人之責。茲列舉建設事業借款之項目如下：

吉黑森林金礦借款。

滿蒙四鐵路墊款。

濟順高徐二鐵路墊款。

吉會鐵路墊款。

電信墊款。

林礦借款第一次付息墊款。

林礦電信兩借款第三次付息墊款。

林礦電信兩借款第四次付息墊款。

林礦電信兩借款第五次付息墊款。

林礦電信及福建省借款付息墊款。

滿蒙山東吉會各路墊款第二次付息墊款。

滿蒙山東吉會各路墊款第三次付息墊款。

滿蒙山東吉會各路墊款第四次付息墊款。

青島公產及鹽業償價庫券。

漢陽兵工廠借款。

漢口造紙廠欠款。

平漢鐵路正全銀行借款。

膠濟鐵路國庫券。

四洮鐵路四鄭段借款。

平綏鐵路東亞興業會社借款。

南潯鐵路東亞興業會社借款。

吉長鐵路借款。

吉長鐵路墊款（其一）。

吉長鐵路墊款（其二）。

西洮鐵路短期借款。

吉敦鐵路工程費墊款。

洮昂鐵路工程費墊款。

洮昂鐵路車輛借款。

洮昂鐵路省署提用墊款。

洮昂鐵路餘科及煤價短期借款。

平漢鐵路枕目價款。

津浦鐵路車租車價欠款。

北寧鐵路煤價欠款。

平綏鐵路機車道木等價款。

津浦鐵路車租車價欠款。

吉長鐵路鋼軌價款。

擴充電話借款及料欠。

擴充及改良有線電工程費墊款。

平漢鐵路日商料欠。

湘黔鐵路日商料欠。

隴海鐵路日商料欠。

（三）涉及臺灣銀行之借款：此類借款，共有下列各項：

參戰借款付息墊款。

交通銀行代借款。

留日學費借款：債權人為臺灣銀行。臺灣已恢
復中國領土，臺灣銀行之債權自亦隨同移轉，

故中國政府所當償付者，以朝鮮、興業二銀行對交通銀行代借款，參戰借款及其付息墊款所有之債權為限。朝鮮已脫離日本之統治。此項朝鮮銀行之債權當由中國政府逕與該行商定清理辦法。

（四）其他借款：此類借款，中國政府當負償還之責。其項目如下：

購械價款。

購械價款付息墊款。

購械欠價庫券款。

購貨價款庫券款。

軍火價款庫券款。

陝西省實業借款。

財政部印刷局借款。

軍需借款。

駐日武官經費借款。

大倉洋借款。

交通銀行代借款。

日金八厘債券。

軍裝欠款。

軍械運送保險費庫券款。

銅元機墊款。

（五）債券：日本侵略中國之際，到處掠奪財物，中國政府債券被劫持者，計有 56,926,000 美元之鉅。故應在日本持有此項債券之總額中減去被劫數目後，再由中國政府予以承認。

二、人民所負之債：此類債務之償還，應受下列三項
　　限制：

（一）淪陷區人民所負債務，中國政府不負保證償還
　　　　責任。

（二）債務人所受戰爭損失未獲賠償時，不負償還
　　　　責任。

（三）在戰時到期之債務，有下列情形之一者，中國政
　　　　府亦不負保證償還之責。

　　　　A. 依中國法律現已消滅時效者。

　　　　B. 債務人在戰時業經破產、倒閉，或曾正式宣
　　　　　　布不能清償者。

　　　　C. 債務人為一公司，而該公司業依戰時緊急法
　　　　　　令予以清理者。

三、清理辦法：

（一）審核：日本政府應通過盟軍管制機構，提出其
　　　　債權之請求，經中國政府核定後，其屬於政府
　　　　債務者，由中國政府決定償付辦法，其屬於人
　　　　民債務者，由中國政府代向人民追償。

（二）幣值：應還債務皆依約定之貨幣償付，不依約
　　　　定者，應以一九三七年六月七日至七月六日關
　　　　係國貨幣平均電滙率為準，換算幣值。

（三）利息：政府債務之利息依下列方法計算：

　　　　A. 在戰前到期之債務，到期前之利息依約定方
　　　　　　法計算，期滿後本金之利息，以週息五釐為
　　　　　　準，算至和會開始之日止。

　　　　B. 戰時到期之債務，依約定方法算至到期之日

止，期滿後再計息。

C.戰後到期之債務，依約定方法算至和會開始
之日止。

人民債務之利息，在戰前及戰時到期者，依約
定方法算至開戰之日止，戰後到期者，不計算
戰爭期間之利息。

清理中日債權債務辦法草議

對日和約當為中日間債權債務作一總結算，和約中自須
有概括的規定，並應有附則，以確此等概括規定之實施
範圍及辦法。附則所不能詳定者，自仍可由中日協議辦
理之。茲試擬甲、概括的規定；乙、說明；丙、附則；
三部分如次：

甲、概括的規定：

一、日本政府依一九○一年北京條約所取得之義和團
　　賠款未付部分，及依一九二二年華盛頓會議，關
　　於解決山東懸案條約、附約、協定，及細則規定
　　所取得之膠濟鐵路，及青島公產鹽業償價未付價
　　款，茲宣明一律放棄之（列入政治條款）。

二、中國中央及地方政府，於一九三七年七月七日
　　前，依公平合理之正常手續，與日本公私團體個
　　人締結契約所負債務，從未發生爭議，或雖有爭
　　議，業經雙方協議有案者，准記入日本政府債權
　　帳內，抵充賠償。其他日方債款要求，中國政府
　　准予比照戰前對友邦債權人整理債務之精神、原
　　則及條件，依後列附則規定，結成數額記入日本

政府債權帳內，抵充賠償。

中國人民所欠日本人民之戰前債務，准由日本政府彙列，經中國政府查明認可後，記入日本債權帳內，抵充賠償。（上二款列入債務條款內）。

三、日本政府暨其傀儡政權，及經日偽官方許可或授權之銀行企業機關，在中國東北與其他佔領區內，自一九三一年九月十八日起至日本投降之日止，所發行之軍用票、鈔票、儲蓄券、各種名義之公債、公司債、股票等，依附則規定，一律由日本政府負責清償。日本在臺灣所發行之公債，除實際用於地方建設者外，亦由日本政府清償。（列入債務條款內）。

乙、說明：

一、上述甲一、庚子賠款日本部分應行取消，自無問題。膠濟鐵路及青島公產，依凡爾賽和約第一七六條規定，讓渡予日本。華府會議雖為維護中國領土主權，將舊德意志帝國之山東權益，決定由日本歸還中國。但為顧全事實，仍定中國備價回贖。今時移境遷，膠濟鐵路及青島公產鹽業償價，既與庚子賠款，同為條約債務，而非契約債務，又均為賠償性質，而非由於借貸，我政府自可在和約中依中日間一切條約宣布完全取消之規定，不必繼續再付此兩項債款。實際日本政府在各國退還庚款後，亦將解決山東懸案所得之我國庫券及賠償金，與庚子賠款合併，每年收入總數約日金四百七十萬元，由議會通過移作對華文

化事業之用，另立特別會計於大正十二年（即民
國十二年）三月三十日，以勅令公布施行，足見
在日本政府心目中，膠濟路及青島公產償價亦與
庚子賠款相提並論，故我在和約中，主張取消未
付清部分，應不至發生爭議。

二、甲二、關於我國中央地方政府對日債務，在戰
前，因擔保確實還本付息，向無問題，或曾經國
民政府及各省政府整理有案者，自應准許日本提
充賠償。其他日方債務，大多在民國六、七年間
成立，因借款之政治性質，或還本付息愆期，積
欠過巨，未經國府予以整理者，若無條件許日方
抵充賠償，數額既巨，且與國府整理外債政策違
背；若一律否認，則與國際法例不符，更將影響
政府之國際債信。故擬由我國自行審查，確定比
照戰前對英美債權人整理債務前例，結成數額，
臨時□由日方認可准予抵充賠償，此在盟國方
面，自無可非議，日方亦不至有不合理之爭辯
也。按我戰前整理債務，刪除積欠頗多，於國庫
負擔減輕甚巨。此外，西原借款亦在未經整理之
債務內，先不妨依財政部意見試為取消，容日方
提出理由後，再為討價還價之計。總之，我國對
日，不採戰勝國之專斷態度，則一切條款縱嚴格
亦不苛刻，且容納日方合理之意見，盟國及對方
自均對我無可非議也。

甲三、關於臺灣公債規定，根據國際法例受讓國
不負清償責任，似屬顯然。敵偽所發鈔券，依第

一次世界大戰後，德比關於比利時馬克解決辦法
（The Belgian Marks Settlement）先例，應由日本
負責清償，亦無問題。惟日偽所發公債，種類繁
雜，名目眾多，然大體皆為敵人搜刮戰費及維持
傀儡政權之用。我自應堅持由日政府負責清償。
至公司債股票，國際法似尚無解決成例，但敵
人戰時在東北、華北、華中之開發事業，亦無非
為搜刮物資，達成以戰養戰之目的，並認為敵人
強制征用之一種手段，而由日方負責。又在遠東
委員會英國代表曾主張，以日本在華資產既經中
國接收，因提議壓低中國對日賠償要求之攤額。
此說如成立，或為遠委會決定賠償攤額所根據條
件之一，是無異以中國人民資產抵充中國抗戰損
失，於理無當，毋待言喻。蓋英國代表，如不能
證明及計算日本在華事業，全由日本政府暨人民
之出資，則其全部或大部份應屬中國人民，由日
方以各種手段強制捐納者無疑。故條文中列入公
司債股票，以便賠償攤額與我不利時有所挽救。
但如遠委會不以英方意見為然時，則關於公司
債及股票，自不必列入，以免雙重計算（double
counting）。

丙、附則：

一、本附則以實施（implementing）甲二、甲三之規定
　　為宗旨，附則所未詳定之事項，由中國政府規定
　　辦法，交由日本政府認可，於和約簽字後六個月
　　內實行之。

二、凡在戰前擔保確實還本付息，向無問題，及經整理之對日債務，依其約定條件，計算本息。

三、債款已由中國政府發行債券銷售公眾者，依其發行條件，就日方債權人所能提出之數額，計算本金及利息。

四、依本約規定，經中國政府審查確定，交由日本政府同意之債務，其本金以原定契約額為準。但實收數較原定折收或升算辦法為少者，以實收額為本金數。

五、已還本付息之債務，以最未次還本付息後之殘餘本金計算之。

六、因欠息而有付息借款契約者，其本金債務，如經審查確定時，應將此等欠息契約斟酌取消之。

七、審查確定之債務，依原定條件計算之利息得豁免或減輕之，應付之欠息，最多不得超過一本一利。中國政府為求計算簡單起見，得將原定欠息取消，另以單利年息計算利息，年息不得少於一厘或超過四厘。

八、依前列各條計算本息，一律依原約定貨幣，計至一九三七年七月六日止，並以是日前共三十日國際電滙平均率折合美幣，抵充日本政府賠償。

九、日本政府負責將日本債權人持有中國政府之債券，國庫券及其他有關文契，於和約簽字之日起六個月內，點交中國政府。庫券債券或證券持有人曾為合法或不合法之移轉，至使日本政府不能在六個月限期內清繳者，自抵充賠償後，由日本

政府負責清償。中國對日一切債務完全消滅。

十、日偽所發行之鈔券、公債、公司價股票等，以其發行額為準。但中國政府在日軍日偽政府金融機關、企業團體以及日本人民所繳之數額應剔除之。

十一、日偽鈔券債、公司債股票，其本金及到期未付之利息，以發行日及付息時日偽幣官定比率，作成日幣，再折合美幣計算之。一九四一年十二月七日以後發行之本金及到期之利息股息，由中國政府規定計算辦法，交由日本政府同意，作成美幣數。

十二、日偽公債、公司債之利息，股票之股息，一律計至和約簽字日為止。

十三、上列三款計算之日本債務總額，應由日本於和約簽字之日起六個月內，以金銀等貴金屬償付一部分。其餘准予對中國債權要求抵銷。

丁、附註：

一、附則八規定本息計至一九三七年七七事變者，以是時日幣對美幣滙價已較九一八時為遠低，故關於東北債務，亦宜計至七七事變為止，與我有利。

二、附則十一規定一九四一年十二月七日以後發行日偽鈔券、公債、公司債、股票價值，由我政府規定計算辦法，因自珍珠港事變後，日元在國際已無滙兌可言。若就日偽幣官定金銀成色作價，則與事實距離過遠，未免太苛。故宜由我政府斟酌決定，交由日政府承諾照行。

三、附則十三規定日政府以貴金屬償付一部份，因偽

鈔原有相當準備寄存日方或經日人運往該國。

四、附則十規定以發行額為準者，以日偽所發鈔券公
　　債等，在淪陷區人民手中，於戰時難免毀滅失。
　　收復時，因避免漢奸或與敵合作嫌疑，隱藏銷
　　毀，或因收繳命令不能遍達窮鄉僻壤，或當地無
　　收繳機關，以致逾限未曾繳送。類此情形而致鈔
　　券之遺漏損失，實際已由敵方換取物資勞役應戰
　　用，故我應以發行額等於實銷額，其未銷部分，
　　由日方負舉證之責。

中國對日債務問題審議決論摘要

一、和約條款：對日和約中關於中國對日債務問題，應
　　列入包括下述原則之條款：

（一）日本向中國放棄由一九〇一年九月七日在北京簽
　　　訂之最後議定書，與一切附件及補充之各換文暨
　　　文件所產生之一切利益與特權，並同意該議定書
　　　附件換文與文件就有關日本部分予以撤廢，同時
　　　日本並放棄因此而起之任何賠償要求。

（二）一九一七至一九一九年間，日本對華之政治性
　　　秘密貸款及其付息墊款，應予取消。此類貸款
　　　皆係秘密成立，乃日本政府欲助長中國內亂，
　　　藉以遂其侵略企圖者，中國政府從未明確承
　　　認。中國人民自始即強列反對，就日本之運用
　　　此類貸款為侵華手段，自不應再予償付。

（三）日本對華之建設事業借款，應於經過整理後，
　　　在中國相關損失賠償要求項內扣除，而由日

本政府負償還債權人之責。戰前中國之建設事業，皆分佈於東北各省及平漢、粵漢兩路以東之地區，而日軍之侵略行動遠及於廣西、貴州，中國建設現代國家之一切努力與成就，其尤要者如電信、鐵路等事業及大規模之工廠等，不被極端破壞，即被掠奪據有用於支持其侵略戰爭，以鐵路一端而論，在華北、華中及華南者，至少已被控制七年有餘，而在東北者則久至十四年以上。中國認為，僅就日人佔用中國淪陷區交通工具期間之長，及劫掠與破壞中國工業設備程度之深而言，其所獲不當利得實遠過中國為興建此類事業所負擔之債務，故此項債務應在中國損失賠償要求項內扣除，而由日本政府負償還債權人之責。

（四）日本依解決山東懸案條約，附約及關於締結該約中日代表會議記錄中之協定條件所取得之債權，應在中國就產生該債權之各項產業所提損失要求項內扣除，日本人民對各該產業所有之債權，由日本政府負責清償。戰爭期間此類產業為日本所佔用，各類產業之債務應在中國所受相關損失內扣抵。

（五）其他日本對華債權應先經整理，再由中國持有之日軍用票、日幣、日偽在戰爭期中所發公債紙幣，及中國人民存日資產抵償之。

中國政府對日債務總表

甲、財政部經管無確實擔保部份

債款名稱		（一）吉黑森林金礦借款	（二）滿蒙四鐵路墊款	（三）濟順高徐二鐵路墊款
債權者		中華滙業銀行	日本興業銀行	日本興業銀行
經借機關		農商財政部部	交通財政兩部	交通財政兩部
訂借日期		7年8月2日	7年10月5日	7年10月5日
幣別		日金	日金	日金
債額（單位元）		30,000,000.00	20,000,000.00	20,000,000.00
欠本數（單位元）		30,000,000.00	20,000,000.00	20,000,000.00
利率		七厘半	八厘	八厘
欠息數	14年底止	無	393,109.15	393,109.15
	34年底止	100,260,697.99	77,791,073.35	77,791,073.35
備註		14年以前利息或以現款或訂付息墊款抵付，借款全數由財政部移用。		

債款名稱		（四）吉會鐵路墊款	（五）電信墊款	（六）參戰借款
債權者		日本興業銀行	中華滙業銀行	臺灣朝鮮興業銀行
經借機關		交通財政兩部	交通部	陸軍部
訂借日期		7年6月18日	7年5月1日	7年9月28日
幣別		日金	日金	日金
債額（單位元）		10,000,000.00	20,000,000.00	20,000,000.00
欠本數（單位元）		10,000,000.00	20,000,000.00	20,000,000.00
利率		七厘半	八厘展期改九厘	七厘展期改八厘
欠息數	14年底止	28,843.96	無	416,438.29
	34年底止	33,720,371.31	95,712,12.82	75,160,144.23
備註		14年以前利息或以現款或訂付息墊款抵付，借款全數由財政部移用。	14年以前利息或以現款或訂付息墊款抵付，借款財政部用15,000,000元，交通部用5,000,000元（以上午款即所謂西原借款）	14年9月以前利息已付債款用途為邊練國防軍隊及參戰所屬各經費。

債款名稱	（七）購械借款	（八）林礦借款第一次付息墊款	（九）林礦電信兩借款第三
債權者	泰平公司	中華滙業銀行	中華滙業銀行
經借機關	陸軍部	財政部	財政部
訂借日期	7 年 7 月 31 日	11 年 1 月 15 日	13 年 9 月 13 日
幣別	日金	日金	日金
債額（單位元）	32,081,584.02	1,125,000	7,608,226.54
欠本數（單位元）		1,125,000	7,608,226.54
利率	八厘	月息一分二	月息一分
欠息數 14 年底止	804,172.88	155,250	547,792.31
欠息數 34 年底止	120,693,784.10	17,746,884.52	123,995,938.31
備註	利息 14 年 9 月以前另訂付息墊款，債款用途購買參戰軍械（以上二款為參戰借款）。	14 年 1 月 15 日以前之利息另訂付息墊款。	14 年 6 月底以前之利息另訂付息墊款。

債款名稱	（十）林礦電信兩借款第四次付息墊款	（十一）林礦電信兩借款第五次付息墊款	（十二）林礦電信及福建省借款付息墊款
債權者	中華滙業銀行	中華滙業銀行	中華滙業銀行
經借機關	財政部	財政部	財政部
訂借日期	14 年 4 月 16 日	10 年 11 月 16 日	9 年 3 月 18 日
幣別	日金	日金	日金
債額（單位元）	2,659,923.08	928,766.77	800,000.00
欠本數（單位元）	2,659,923.08	9,118,766.77	60,000.00
利率	月息一分二	月息一分二	月息一分三
欠息數 14 年底止	175,554.92	601838.60	10,887.25
欠息數 34 年底止	42,902,621.13	147,079,064.04	1,150,323.73
備註	14 年 7 月 15 日以前之利息另訂付息墊款		本金 740,000 及 13 年 11 月 22 日止之息均經以抵押品變價償還

債款名稱		（十三）滿蒙吉會山東各路墊款第二次付息墊款	（十四）滿蒙吉會山東各路墊款第三次付息墊款	（十五）滿蒙吉會山東各路墊款第四次付息墊款
債權者		日本興業銀行	日本興業銀行	日本興業銀行
經借機關		財政部	財政部	財政部
訂借日期		12 年 4 月 18 日	13 年 9 月 13 日	14 年 7 月 15 日
幣別		日金	日金	日金
債額（單位元）		7,997,081.80	5,286,820.51	5,300,000.00
欠本數（單位元）		7,997,081.80	5,286,820.51	5,300,000.00
利率		九厘半	九厘半	九厘半
欠息數	14 年底止	541,203.60	251,123.97	251,750.00
	34 年底止	46,605,429.22	30,154,497.25	30,229,669.42
備註		14 年 4 月 18 日以前利息另訂付息墊款	14 年 6 月底以前利息另訂付息墊款	（以上八款為西原借款之付息墊款）

債款名稱		（十六）參戰借款付息墊款	（十七）購械價款付息墊款	（十八）購械欠價庫券款
債權者		臺灣朝鮮興業三銀行	泰平公司	泰平公司
經借機關		財政部	財政部	督辦參戰處
訂借日期		14 年 9 月 27 日	14 年 9 月 23 日	7 年 2 月 25 日
幣別		日金	日金	日金
債額（單位元）		10,267,655.37	16,470,113.93	1,069,985.11
欠本數（單位元）		10,267,655.37	16,470,113.93	1,069,985.11
利率		八厘	八厘	八厘
欠息數	14 年底止	213,792.28	666,946.74	283,887.38
	34 年底止	38,596,412.08	61974728.05	5,429,984.67
備註			（以上二款為參戰借款之付息墊款）	結束西北軍，留用陝械應找價款 11 年底欠息款併入本金計算發庫券一張

債款名稱		（十九）購貨價款庫券款	（二十）軍火價款庫券款	（二十一）青島公產及鹽業償價庫券
債權者		泰平公司	泰平公司	日本政府
經借機關		督辦邊防軍訓練處	陸軍部	督辦魯案善後事宜公署
訂借日期		9 年 5 月 8 日	4 年 12 月 1 日	12 年 3 月 14 日
幣別		日金	日金	日金
債額（單位元）		50,000.00	1,196,609.19	17,400,000.00
欠本數（單位元）		50,000.00	83,253.03	13,428,107.69
利率		八厘	七厘	六厘
欠息數	14 年底止	22,007.88	101,888.68	441,029.68
	34 年底止	295,663.79	64,943.57	31,813,542.44
備註		發庫券一張付過利息 4,000 元	發庫券八張已還本 1,113,356.16，已付息 160,595.41	收回青島公產及鹽業償價臨時庫券三張，已還本 571,892.31 已付息 1,712,487.97

債款名稱		（二十二）陝西省實業借款	（二十三）財政部印刷局借款	（二十四）軍需借款
債權者		東亞興業株式會社	三井洋行	三井洋行
經借機關		財政部繼承	財政部印刷局	南京臨時政府
訂借日期		9 年 12 月 1 日	7 年 1 月 5 日	1 年 2 月 15 日
幣別		日金	日金	日金
債額（單位元）		3,000,000.00	2,000,000.00	2,000,000.00
欠本數（單位元）		3,000,000.00	2,000,000.00	1,064,000.00
利率		一分	一分	一分
欠息數	14 年底止	1,037,575.35	1,144,691.95	1,755,629.51
	34 年底止	25,423,740.52	20,080,792.80	18,786,159.88
備註		本款原因陝西省政府借後由財政部繼承，已付息 539,061.92 由借款內扣。	本款財政部與印刷局各用 100 萬元，已付利息 596,551.90。	發庫勸酒張已收回五張，已還本 936,000 元，已付息 632,641.57。

債款名稱		（二十五）留日學費借款	（二十六）駐日武官軍費借款	（二十七）大倉洋行借款
債權者		臺灣銀行	三菱銀行	大倉洋行
經借機關		駐日公使館	駐日公使館	財政部
訂借日期		8 月 11 月 14 日	9 年 1 月 10 日	13 年 11 月 23 日
幣別		日金	日金	日金
債額（單位元）		100,000.00	30,000.00	500,000.00
欠本數（單位元）		100,000.00	30,000.00	484,845.38
利率		日息二毫六	日息三毫	月息九厘
欠息數	14 年底止	54,939.94	15,037.50	無
	34 年底止	893,399.94	94,292.01	2,909,107.82
備註		墊付留日學費已付息12,929.15。	撥付駐日使館岳武官經費預扣利息1,504.20。	上列欠本係借至 16 年 6 月底之本息數。

債款名稱		（二十八）交通銀行代借款	（二十九）日金八厘債券	（三十）軍裝欠款
債權者		日本興業、朝鮮、臺灣三銀行	持券人	三井洋行
經借機關		財政部交通銀行	財政部	陸軍部
訂借日期		7 年 1 月 26 日	11 年 1 月	1 年 12 月
幣別		日金	日金	國幣
債額（單位元）		20,000,000.00	39,608,700.00	1,935,331.00
欠本數（單位元）		20,000,000.00	32,479,200.00	1,183,724.00
利率		八厘	八厘	一分
欠息數	14 年底止		無	1,357,024.98
	34 年底止	136,127,987.30	5,451,024.00	16,703,124.43
備註		本款財政部交行各 用 1000 萬 由交行報告，上列數字係照未還計算。	本款係以八厘債券償還日商短期借款得自由買賣，已還本三次付息九期。	本款係南京臨時政府所欠，已還本751,606.30已付息664,712.38。

債款名稱		（三十一）軍械運送保險費庫券款	（三十二）漢陽兵工廠借款	（三十三）銅元機墊款
債權者		泰平公司	東亞通商株式會社	東亞興業株式會社
經借機關		財政部	漢陽兵工廠	河北造幣廠
訂借日期		10 年 5 月 1 日	9 年 1 月 27 日	12 月 9 月 13 日
幣別		國幣	國幣	國幣
債額（單位元）		85,733.87	300,000.00	73,000.00
欠本數（單位元）		85,733.87	200,000.00	73,000.00
利率		八厘	月息一分六	月息一分
欠息數	14 年底止	46,167.28	360,484.02	25,980.36
	34 年底止	547,183.17	21,731,183.07	945,083.69
備註		本款發庫券二張本息均未付過。	本款係該廠貨價欠款，已還本10 萬元，已付息 28,311.48。	本款係銅元機由青島運至張家口之運費及裝置費及進口稅及棧租等。

債款名稱		（三十四）漢口造紙廠	共計		
債權者		三井洋行			
經借機關		漢口造紙廠			
訂借日期		9 年 8 月 11 日			
幣別		洋例銀	日金	國幣	洋例銀
債額（單位元）		3,443.00	291,764,527.23	1,542,458.57	2,533.28
欠本數（單位元）		2,533.28			
利率		月息一分			
欠息數	14年底止	1,379.69			
	34年底止	6,446.29	1,414,519,400.57	129,926,574.36	6,446.29
備註		本款係貨價欠款還過本金 909.72，欠息按單利計算。	本表所列無確實擔保負債後，民國 14 年關稅會議時由財政整理會計算各債欠息，截至十四年底止並曾與債權人核對者。至以後欠息數目係照每半年一倍複利計算，故數目極大，從前負債之已經整理者，對於欠息有全部免除及大部分減讓之例，其減讓後之欠息均不及一本一息之數。		

乙、財政部經管有確實擔保部份

債款名稱	庚子賠款	整理漢口造紙廠借款	共計	
債權者	日本政府	中日實業公司		
經借機關	前清政府	財政部		
訂借日期	光緒 27 年 7 月 25 日	光緒 25 年 11 月 24 日		
幣別	英金	日金	英金	日金
債額	5,014,226,334	1,400,000		
欠本數	1,228,143,478	1,315,000.00	1,228,143,178	1,315,000.00
利率	四厘	無		
欠息數	923,731,811	無	923,731,811	
本息合計	2,151,875,289	1,315,000.00	2,151,875,289	1,315,000.00
備註	本款業於民國 13 年 2 月 6 日，訂協議改作舉辦對華文化事業。	本款係整理漢口造紙廠舊欠按一本一息計，按每月攤還一萬五千元不再計息。		

丙、交通部經管債務

債款名稱	（一）平漢鐵路正金銀行借款	（二）膠濟鐵路國庫券	（三）四洮鐵路四鄭段借款
債權人與國籍	日本正金銀行	日本正金銀行	日本正金銀行
幣別	日金	日金	日金
債款原額	（金額不清）	40,000,000.00	5,000,000.00
已償本金	（金額不清）		396,000.00
結欠本金	（金額不清）	40,000,000.00	4,604,000.00
結欠利息	（金額不清）		
結欠本息	（金額不清）	40,000,000.00	4,604,000.00
備考	八一三抗戰後停止其利息係應付全數。	八一三抗戰後停止數目計至 26 年 7 月止。	九一八事變後情形不明數目計至 20 年底止。

債款名稱	（四）平津鐵路東亞興業會社借款	（五）南潯鐵路東亞興業會社借款	（六）吉長鐵路借款
債權人與國籍	日本東亞興業會社	日本東亞興業會社	日本南滿會社
幣別	日金	日金	日金
債款原額	5,200,000.00	10,000,000.00	6,500,000.00
已償本金	769,176.73	1,890,000.00	975,000.00
結欠本金	4,430,823.73	8,110,000.00	5,525,000.00
結欠利息	5,985,961.04	8,972,224.89	276,250.00
結欠本息	10,416,784.77	17,082,224.89	5,801,250.00
備考	七七事變後情形不明數目計至 26 年 6 月止	八一三抗戰後停止撥付數目計至 26 年 7 月止	九一八事變後情形不明數目計至 20 年 12 月 31 日止

債款名稱	（七）吉長鐵路墊款（其一）	（八）吉長鐵路墊款（其二）	（九）四洮鐵路短期借款
債權人與國籍	日本南滿會社	日本南滿會社	日本南滿會社
幣別	日金	日金	日金
債款原額	1,000,000.00	400,000.00	32,000,000.00
已償本金			
結欠本金	1,000,000.00	400,000.00	32,000,000.00
結欠利息	360,000.00	141,632.83	16,280,000.00
結欠本息	1,360,000.00	541,632.83	48,280,000.00
備考	九一八事變後情形不明數目計至 20 年 5 月 31 日止	九一八事變後情形不明數目計至 20 年 5 月 31 日止	

債款名稱	（十）吉敦鐵路工程費墊款	（十一）洮昂鐵路工程費墊款	（十二）洮昂鐵路車輛借款
債權人與國籍	日本南滿會社	日本南滿會社	日本南滿會社
幣別	日金	日金	日金
債款原額	23,885,333.26	10,534,658.46	2,850,775.62
已償本金			
結欠本金	23,885,333.26	10,534,658.46	2,850,775.62
結欠利息	8,748,173.10	5,005,045.55	841,061.49
結欠本息	32,633,506.36	15,539,704.01	3,691,837.11
備考	九一八事變後情形不明數目計至 20 月 12 月底止		

債款名稱	（十三）洮昂鐵路省屬提用墊款	（十四）洮昂鐵路餘料及煤價短期借款	（十五）平漢鐵路枕木價款
債權人與國籍	日本南滿會社	日本南滿會社	日本三井洋行
幣別	日金	日金	日金
債款原額	2,000,000.00	828,770	214,563.84
已償本金			136,512.00
結欠本金	2,000,000.00	828,770	478,051.84
結欠利息	1,555,180.35	292,808.84	
結欠本息	3,555,180.35	1,121,578.84	478,051.84
備考	九一八事變後情形不明數目計至20年12月底止。		八一三抗戰後停止撥付數目計至26年7月。

債款名稱	（十六）平漢鐵路枕木價款	（十七）津浦鐵路車租車價欠款	（十八）北寧鐵路煤價欠款
債權人與國籍	日本三井洋行	日本三井洋行	日本南滿會社
幣別	國幣	日金	日金
債款原額	368,642.70	4,500,000.00	766,317.88
已償本金	81,888.00	480,000.00	520,000.00
結欠本金	286,754.70	4,020,000.00	246,317.88
結欠利息			
結欠本息	286,754.70	4,020,000.00	246,317.88
備考	八一三抗戰後停止撥付數目計至26年7月。		該路關外段淪陷後不明數目計至21年5月

債款名稱	（十九）平綏鐵路機車道木等價款	（二十）津浦鐵路車租車價欠款	（二十一）吉長鐵路鋼軌價款
債權人與國籍	日本三井洋行	日本三井洋行	日本南滿會社
幣別	日金	國幣	日金
債款原額	7,612,000.00	4,500,000.00	909,650.60
已償本金	535,527.90	480,000.00	
結欠本金	7,076,472.10	4,020,000.00	909,650.60
結欠利息			327,553.59
結欠本息	7,076,472.10	4,020,000.00	1,237,204.19
備考	七七事變後情形不明數目計至26年6月止	八一三抗戰後停止撥付數目計至26年7月止	九一八事變後情形不明數目計至20年10月6日

債款名稱	（二十二）擴充電話借款及料欠	（二十三）擴充及改良有線電工程費墊款	合計	
債權人與國籍	日本中日實業公司	日本東亞興業株式會社		
幣別	日金	日金	日金	國幣
債款原額	14,650,000.00	10,222,020.47	189,474,090.13	4,868,642.70
已償本金	2,440,208.57	2,325,696.02	11,128,120.76	561,888.00
結欠本金	12,209,791.43	7,896,324.45	178,345,969.37	4,306,754.70
結欠利息	22,906,299.94	15,707,845.46	95,965,537.08	
結欠本息	35,116,091.37	23,604,169.91	274,311,506.45	4,306,754.70
備考				

廣東省積欠臺灣銀行借款本息數目清表

截至二十三年五月止

借款日期		4 年 12 月 31 日	6 年 4 月 2 日	8 年 1 月 17 日
借款名稱		水災善後借款餘額	廣東水泥廠借款殘額	中國銀行維持紙幣借款殘額
幣別		日金	日金	日金
金額		66,486.52（原借額 60 萬元）	2,599,241.04（原借額 300 萬元）	1,267,044.85（原借額 76 萬元）
積欠利息	計算日期	14 年 1 月 10 日至 23 年 5 月 31 日	14 年 1 月 2 日至 23 年 5 月 31 日	13 年 11 月 15 日至 23 年 5 月 31 日
	金額	117,527.99	1,159,842.53	651,363.28
與臺灣銀行協定減為四分之一利息數		29,381.99		161,840.82
備考				

借款日期		9 年 3 月 31 日	13 年 12 月 29 日	
借款名稱		廣東地方實業銀行借款殘額	第七次利息借款	合計
幣別		日金	日金	
金額		72,982.07（原借額 1 萬元）	194,144.14	3,299,892.62
積欠利息	計算日期	13 年 12 月 30 日至 23 年 4 月 30 日	13 年 12 月 29 日至 23 年 5 月 31 日	
	金額	126,362.08	237,085.58	
與臺灣銀行協定減為四分之一利息數		31,590.52	84,271.29	1,467,927.25
備考		該項借款本息共 1,044,572.59 元，於 23 年 5 月 15 日清還。	該項借款本金 194,144.14 元於 23 年 6 月 28 日償還。	本項經還本金 267,126.12 元，協定利息 3,590.52 元。

借款日期		9 年 1 月 27 日		9 年 12 月 28 日
借款名稱		廣三鐵路管理局借款殘額	合計	廣東財政廳借款殘額（及第一次利息借款）
幣別		港幣		毫銀
金額		20,000.00（原借額 4 萬元）	20,000.00	200,000.00（原借額 30 萬元）
積欠利息	計算日期	14 年 2 月 28 日至 23 年 4 月 30 日		13 年 12 月 28 日至 23 年 5 月 31 日
	金額	33,966.13		357,525.91
與臺灣銀行協定減為四分之一利息數		8,491.53	8,491.53	89,381.47
備考		該項借款本息共 28,491.53 元，於 23 年 5 月 16 日清還。	本項本息經全部清還。	

借款日期	11 年 8 月 21 日		11 年 12 月 28 日	12 年 6 月 29 日
借款名稱	有成總公司借款殘額（及第二次利息借款）		第三次利息借款	第四次利息借款餘額
幣別	毫銀		毫銀	毫銀
金額	238,300.00（原借額 30 萬元）		250,000.00	250,000.00
積欠利息	計算日期	13 年 12 月 21 日至 23 年 5 月 31 日	13 年 12 月 29 日至 23 年 5 月 31 日	13 年 12 月 29 日至 23 年 5 月 31 日
	金額	413,346.27	4,148,256	438,296.51
與臺灣銀行協定減為四分之一利息數			88,594.67	109,574.13
備考				

借款日期	11 年 8 月 21 日	13 年 6 月 28 日	13 年 12 月 29 日	
借款名稱	第五次利息借款	第六次利息借款餘額	第七次利息借款	合計
幣別	毫銀	毫銀	毫銀	
金額	280,000.00	260,000.00	87,619.40	2,515,919.40
積欠利息 計算日期	13 年 12 月 29 日至 23 年 5 月 31 日	13 年 12 月 28 日至 23 年 5 月 31 日	13 年 12 月 29 日至 22 年 7 月 31 日	
積欠利息 金額	490,892.27	456,008.81	152,099.27	
與臺灣銀行協定減為四分之一利息數	122,723.07	114,002.20	38,024.82	663,871.92
備考				本項全部本息未還。

廣東省現尚結欠臺灣銀行借款本息數目表

截至二十六年七月份止

幣別		白金	毫銀
原積欠數 （23 年 6 月結欠）	本銀	3,032,772.41	1,515,919.40
	利息	1,436,336.73	663,871.92
	合計	4,469,109.14	2,179,791.32
23 年 7 月至 26 年 7 月 已還數		2,505,409.49	1,222,004.18
結欠數		1,963,699.65	957,787.14
備考		上項本息，由 23 年 7 月起，分 66 個月攤還。每月應還 67,712.77 元，已還過 37 個月尚結欠如上數。	上項本息，由 23 年 7 月起，分 66 個月攤還。每月應還 33,027.14 元，已還過 37 個月尚結欠如上數。

六　美國鮑萊氏的賠償計劃

駐美大使館來電

民國三十五年十一月二十一日

外交部鈞鑒：美國賠款代表鮑萊氏曾於去年十二月十九日向杜魯門總統提呈關於日本賠償問題初步報告一件，本年十一月十六日鮑萊氏又向杜魯門總統呈送另一報告。據謂，該報告係於本年四月完成。後復經美國外交、陸軍、海軍三部聯絡委員會審查後簽具意見，送呈總統核辦。美國外交部特為此事於十一月十六日發表新聞。茲謹檢同該公表文件一份隨電呈送，祈請鑒察。顧維鈞。

附鮑萊賠償計劃書節略

美國賠償專員鮑萊氏，於去年十一月十六日向美總統杜魯門氏提出對日賠償報告書，其全文雖迄未發表，但根

據美國務院為此事所發表新聞及本部所接獲之其他情報，已可知其梗概。茲就其要點撮述如左，再查鮑萊氏之計劃書，甚可能成為日後美國對整個日本賠償案提案之藍本，其中所限定之日本生產能力准予保留部分，足以反映美國對日本平時經濟之態度，因將該部分特為列表與遠東委員會已通過之賠償拆遷臨時方案，及仍在商討中之日本平時工業水準案併為對照，以觀一斑，此或可供我國對日本平時之工業水準一事決策之參考也。

一、賠償計劃書要點

1. 以嚴厲而公正之方式消滅日本作戰潛力——不但海陸空軍配備供應工業一律拆遷或毀滅，並限制鐵之生產量至每年須仰給外國輸入一百萬噸，此外藉賠償方式以摧毀輕金屬，鋼鐵軸承之生產力，海運亦減至可應付需要之最低數量。

2. 以實物賠償為主——鮑萊認為 A. 人力賠償對東亞各國無所裨益。B. 以生產品賠償（Recurrent Reparations）有促進日本經濟復興之虞。C. 以原料存貨賠償將影響日本之輸出，蓋在目前過渡期間，日本亟需以原料存貨交換輸入品也。但此處可注意者，鮑萊對過剩之金及貴金屬係視為例外，仍可能作為賠償也。D. 以債券或股票供賠償之資，亦非善策，因如此，等於重建日本工業也。

3. 維持日本平時經濟水準，此包括國內人民需要及最低限度之國外貿易——日本國內經濟需要，鮑萊係根據1926-30 年間日本人民消費量，以決定工業生產量之限度，據傳美國官方認為1926 至1930 年之標準削減

過於激烈，有修正至以1930年至1934年標準之意。
各項工業准予另算之實際數字詳後第二節。

國外貿易方面，鮑萊限制輸出以日用品為主，如絲、
茶、紡織品、紙、陶器、玻璃器、木材、海產、玩具
等。鮑萊心目中之輸出對象當以東亞各國為大宗。

4. 儘速拆遷，復興東亞工業，以監視日本之再起——鮑
萊氏主張，以速拆遷頗烈，希望以鞏固中菲之經濟基
礎來監限日本再起。

5. 戰利品之解釋——鮑萊對東北被搬運及毀壞之物資曾
精確勘查，並對戰利品一詞之解釋，力主援用對德賠
償時之定義，即：戰利品限於供敵人武裝部隊及為其
所有之已製成之裝備或供應品，至於生產是項裝備或
供應品之工廠則不在其內。

6. 日本本土內所有為開發前統治地原料資源之設備，應
優先移供現脫籍之是項統治地，以建立該地獨立經濟
單位。（此節本部前曾電示顧大使）

7. 日本在前被佔領或統治地區之財產，歸所在地國家保
有，其價值抵充各該國賠償要求之一部分，此乃美國
一貫之主張。

二、日本准予保留工業生產量對照表

日本工業究應准予保留若干生產量，此實為解決日本
賠償問題之大前提，盟國間現已定有三項標準，茲分
述於後：

1. 臨時賠償拆遷方案——遠東委員會當初為從速進行拆
遷，乃暫時規定一較高之標準，凡超過此標準者可即
予查封，準備拆遷。為穩妥計，此標準之估計較高，

　　大致係根據 1930-36 年間日本平均消費量，並依人口
　　增加比例加以釐定：此方案僅為便利拆遷，並非最後
　　確定之標準。

2. 日本最低限度工業需要——遠東委員會為安定日本經
　　濟人心，由美方提議陸續通過日本最低限度工業需要
　　案，此係規定一最低標準，凡在此標準以下之工業，
　　可開始復工開設，將來決不致有移供賠償之虞。此標
　　準之估計較嚴，大致根據 1930 年間之消費量減去當
　　年供軍用之消費而得，此案僅為便利日本工業重建，
　　亦非最後確定之標準。

3. 鮑萊計劃書——此計劃書乃針對日本賠償問題而發，
　　可謂對准予保留之日本工業作根本之釐定，美方日後
　　建議雖可能對此有所修正，但自將以此為梗概，甚值
　　得注意。

鮑萊氏賠償計劃意見對照表

經濟部編

鮑萊計劃要點	對鮑萊計劃之意見
一、消滅日本作戰潛力。	
（一）海陸空軍配備供應工業一律拆遷或摧毀。	此項贊同。鮑萊計劃其可轉變為戰事工業，亦應解除。
（二）限制鐵之產量至每年須仰給國外輸入壹百萬公噸。	此項贊同。惟其平時所用生鐵，應令向我國或亞洲其他國家輸入。
（三）藉賠償方式摧毀輕金屬銅鐵軸承之生產力。	此項贊同鮑萊計劃。
（四）海運亦減至可以應付之最低數重。	此項對於「可以應付之最低數重」一語，過於空洞，其伸縮性甚大，應予以順位之限制。
參考前送「中國對日本今後經濟政策之意見」：原意見第三項對日本軍需工業必須澈底解除。	

鮑萊計劃要點	對鮑萊計劃之意見
二、以實物賠償為主	
（一）以人力賠償對東亞各國無所裨益	此項如僅就勞力言，自屬無所裨益。惟技術人員似可徵集一部份，以為加強建設之用，如蘇俄之使用德國技師。
（二）以生產品賠償有促進日本經濟復興之虞	此項，在理論上，雖頗有理由，然鮑氏既主張以日本生產品如絲茶品等為輸出品，則仍有促進其經濟之事，似以生產品為賠償品亦無妨礙。
（三）以原料存貨賠償將影響日本之輸出	此項因日本目前國際貿易係以物易物，如以全部原料及存貨提供賠償，則日本將不能易得其必需物品，惟原料及存貨種類甚多，似應提出一部份充賠償之用。
（四）過剩之金及貴金屬仍可作為賠償。	此項贊同鮑氏計劃。
（五）以債券或股票供賠償之資，亦非善策，因如此等於重建日本工業。	此項理論上雖有重建工業之虞，但日本工業之生產量既經核定，自不虞其發展，似可在限制生產量之情形下，仍可以公債或股票提供賠償。綜觀鮑氏本款所擬以實物賠償為主一節，其所指實物，似以日本工業設備為主體，其他生產品及原料存貨、債券、股票均不能作賠償。如此則日本提供賠償物資，當屬有限，似應予以更易，照二、三、五等項意見辦理。

鮑萊計劃要點	對鮑萊計劃之意見
三、維持日本平時經濟水準	
（一）日本國內經濟需要，以根據 1926-30 年間日本人民消費量以決定工業生產量之限度	此項標準，殊欠充當。蓋當第一次世界大戰時（1914 年），日本國內工業生產量，已達其人民消費量之水準，而 1926-30 年之日本工業，早已膨脹向外，為經濟之侵略，而發動九一八之役，終至挑動第二次世界大戰，故日本生產量，應以一九一四年之工業能力為水準，充其量亦應使其工業能力退至第一次歐戰結束後 1920 年情形。超過此標準之生產設備，均應提前提供賠償之用。
（二）日本國外貿易方面限制其輸出以日用品為主，如紅茶、紡織品、紙、陶器、玻璃、木材、海產、玩具等，其輸出對象以東亞各國為大宗	此項應加以限制，緣日本之對外侵略，係以其輕工業之發展所造成。如任其日用品物儘量向外傾銷，則將構成其經濟之侵略，且其對象又係東亞各國。此於我國尤屬不利。又我國繅絲及紡織工業受日人破壞特甚，應責令日本賠償。主張限制日本之對外大量傾銷其繅絲及紡織工業，除供日本國內需要外，多餘之設備應拆遷，以賠償我國損失。

參考前送「中國對日本今後經濟政策之意見」：
原意見第四項，對日本纖維工業，應以減削。除保留其人民生活必需產量之設備外，其餘應移歸戰時各該工業直接受損最重要之國家，作為賠償之用。又原意見第五項對於日本國際貿易，應加以嚴格管制。

鮑萊計劃要點	對鮑萊計劃之意見
四、儘速折遷復興東亞工業以監視日本之再起	
（一）從速折遷以鞏固中菲之經濟基礎來監視日本再起	此項實屬重要。惟前由盟軍總部所提之日本賠償之物資清單，僅有鋼鐵冶煉輕金屬軋製造廠設備、機器酸鹼設備及火力發電等六項，其餘輕工業設備，尚未提出，應從速提出，以便折遷。 又此次戰爭，我國抵抗最久，受損最大，賠償數額，自應特多，應佔總額百分之六十以上。
五、戰利品之解釋	
（一）援用德國賠償之定義，即戰利品限於供敵人武裝部隊及為其所有之已裝成之裝備或供應品，其生產武裝部隊之裝備或供應品之工廠，不在戰利品之列。	此項解釋尚屬可行。就此解釋，則蘇聯在我國東北各省所劫去之日本工業設備，當不能視作戰利品。且依照後列第七項之辦法，劫去之設備，應歸我國保有，蘇聯應即歸還我國。 又此項解釋，其所指工廠，應以敵人在佔領區所經營之工廠，其財產多係剝削當地人力物力而來，自不能視為一例。如日人在我國各地所設工廠等是。此項工廠之接收，雖不能視為戰利品，但應視為財產之收回，不能充作賠償之用，應無條件由工廠所在國收回。
六、日本本土向所有為開發前統制地原料資源之設備，應優先移供現脫籍之是項統制地，以建立該地獨立經濟單位	此項曾由外交部電達顧大使，內容如何，不得而知。惟此項係專指前統制地現已脫籍而言，如朝鮮等是。至臺灣及旅大租借地等，祇能視為我國之領土收回，不能視為統治地之脫籍獨立。但既由外交部電達顧大使，自未便再另表意見。
七、日本在前被佔領或統制地區之財產，歸所在地國家保有其價值，抵充賠償要求之一部分。	此項稱財產，應包括各該財產單位之權益，如銀行企業公司所置之財產，或存儲在日本銀行之現金，如公司之股票證券及物資等。雖現存在日本本土，亦應撥充賠償，並應照前簽第五項之意見，由所在國無條件收回。 又我東北各省日人財產，應為我國保留。其俄人所劫去者，應交涉歸還。

鮑萊計劃要點	對鮑萊計劃之意見
八、准許日本保留工業生產量對照表	此表分鮑萊計劃，臨時折遷委員會保留案，及遠東委員會擬予保留三種。 在鮑萊氏計劃中所保留者，有如下之意見： 一、生鐵產量，贊同年產五十萬噸。 二、鋼錠，應改為保留年產二百萬噸。 三、鋼材，贊同年產量保留一百五十萬噸。 四、造新船，鮑萊氏計劃中，未定數額，遠東委員會商定為八萬總噸。此項因日本海運為其侵略工具，似亦可行減削為年產新船為五萬五千噸，並限制其每船之最高噸數。 五、修船，贊同鮑氏計劃，年修船一百五十萬噸。 六、工具機，鮑氏計劃年產一萬單位，而遠東委員會商定為七千五百單位。此項似應就遠東委員會商定數字，再改為五千單位。 七、輕金屬，鮑氏主張不予保留。臨時折遷會商定為年產一萬五千噸，遠東委員會亦擬不予保留，此項應不予保留。 八、火力發電，鮑氏主張保留二百萬瓩發電容量，而遠東委員會商定為一百萬瓩，似可照遠東委員會所擬數字。 又日本水力發電數字在 1946 年達三百八十六萬瓩，足以供日本需用而有餘，其火力發電自不宜再多。 九、軸承，鮑萊計劃不予保留，遠東委員會亦不予保留，此項可照鮑萊計劃。 十、硫酸，鮑萊計劃未定，而遠東委員會則商定為年產三百萬公噸。此項數字太大，應減為年產二百萬公噸。 十一、燒鹼，鮑萊計劃為年產四萬四千噸，遠東委員會商訂為一萬噸。此項為化學工業主要原料，如造紙肥皂所必需，似可照遠東委員會所定數字。 十二、純鹼，鮑氏計劃為三十萬噸遠東委員會所定為二十六萬噸，此項似可照遠東委員會所定數字。 十三、氯氣，鮑氏計劃未予確定，而遠東委員會商定為三萬五千噸，似可照列用氯氣為漂白用品也。 十四、硝酸，鮑萊所定為三萬二千五百噸，遠東委員會未予確定，似可照鮑氏計劃。 十五、火車頭、客車、貨車，本部無意見。 十六、人造汽油，鮑萊計劃為五廠，未規定數量，似應禁止製造。 十七、橡皮鮑萊計劃規定為天然橡膠之皮理似可贊同。

鮑萊計劃要點	對鮑萊計劃之意見
八、准許日本保留工業生產量對照表	十八、鍊鋼，鮑萊計劃年產　噸，可予贊同。 十九、銅器製造，無意見。 二十、人造纖維，鮑萊計劃為最低需要，似應加生量產之限制。 二十一、棉紡紗錠，鮑氏計劃為三百萬錠，應予減少。緣日本紡織業在世界市場為經濟侵略，為主要產品，自應減削，以免其復興。其數量以保留其人民生活必需生產量外，其餘均應折遷，供賠償之用。而以我國為大宗。蓋我國紡織業受損甚大也。 二十二、織布機，鮑萊計劃為一萬五千噸，亦應減削，其意見同二十一項。 二十三、海陸軍兵工廠，飛機廠及民間兵工廠，鮑萊計劃均不予保留，應予贊同。

參考前送「中國對日本今後經濟政策之意見」：
原意見第三項對保留日本每年生產鋼鐵二百萬噸，工具機七千五百部，鹼二十六萬噸，燒鹼十萬噸，氫氣三萬二千噸，硫酸三百萬噸，造新船八萬噸，修船一百五十萬噸，及火力發電容量為一百萬瓩各節，均主再減其三分之一，並對保留三分之二應採漸近方式於五年完成。
原意見第四項對輕工業如紡纖業、繰絲業、人造絲業、造紙業、水力業之生產能力亦應照一九一四年生產水準加以限制，而對纖維工業如棉紡織、繰絲蔴紡織、人造絲業等，均應削減，以其設備供賠償之用。

第三節　要求歸還劫物

一　一般原則

一、凡盟國財產，其已在日本發現，並認明其係由日人
或其代理人在佔領該國時，用欺詐威脅或強迫手段
移去者，應即令其歸還。如係已交付買價者，除非
有未用欺詐威脅或強迫手段之確實證據，否則仍應
予歸還。

二、凡盟國註冊之船隻，其已在日本海內發現，並認明
其係被日人或其代理人劫掠擊沉，或用欺詐威脅或
強迫手段取得者，應即歸還。如係已交付買價者，
除非有未用欺詐威脅或強迫手段之確實證據，否則
仍應歸還。此項船隻其已沉沒或損壞者，應由日本
政府儘先打撈修復原狀歸還。此項打撈修復費用，
應由日本政府負擔。此項被劫盟國船隻其在日本領
海外發現者，應與在日本海內發現者同樣處理。

三、凡經申請歸還之被劫工業及交通機器，不得列入賠
償。凡已交付受償國家之工業，交通機器亦不得再
申請歸還。

四、歸還物資之交付地點，應由申請國政府指定。在交
付前所需之拆卸、包裝、運輸費用，以及交付後之
裝買費用，應統由日本政府擔負，並不得在賠償帳
內相抵。

五、凡船隻以外劫物之歸還，應由劫物原在國政府申
請，而此項財產即歸還於該國政府。船隻之歸還，
應由該船被劫時所懸國旗國或註冊國政府申請，而

此項船隻即應歸還各該國政府。

六、劫物不得列入日本輸出品，事後如發現劫物已作為輸出品貨物輸出者，則應由日本政府作相等之賠償予劫物原有國。

七、劫物在予盟國以充分考察機會仍不能證明原主誰屬時，應授權日本政府加以變賣。如此變賣價款應即時分配與澳洲、中國、法國、印度、荷蘭、菲尼賓及英國，中國應獲得其中百分之七十。

八、劫物雖經歸還被劫前所在或註冊國家，該項劫物之所有權人或國家，若屬盟國，仍有權收回。

九、劫物如在日本以外其他盟國境內發現，應由有關盟國成立協定處理之。

十、劫物如完全缺乏證據，則應根據常識判斷。

十一、劫物如缺乏充分之證據，則管制委員會對此項申請是否應予核准，有最後決定權。

十二、被劫工廠應照被劫時原狀歸還盟國，其由日本所增添之附件及設備，亦應視作劫物，一併歸還。

駐日代表團來電

民國三十五年五月十三日

第 64 號。十三日。急。南京外交部部長王，並請轉教育部部長朱。關於日人在我國掠奪文物一事，本團曾派員屢與盟軍總部洽商收回辦法，並曾與日方非正式接洽，旋總部命令日政府，應於六月一日以前，就日人掠奪所得物資，提出清冊，並令其保管及禁止此等物資之交易或移動。現日政府遵於九日通令全國，凡七七事變

後，曾由中國及安南、暹羅、緬甸、馬來、荷領東印度、菲律賓等地，被日軍佔領之各地，不論其依據當時法令之規定，與曾用強制手段，或沒收或掠奪所得之物資，如汽車、纖維品及美術品或工業原料、器材等，現存日本者，將由日政府查明後，予以沒收。為此限令現所有者，或已往所有者，或知情者，應於本月二十日以前，詳細呈報。否則一經查出，處以二年以上三年以下有期徒刑，並課以五千元罰金。職朱世明。

華盛頓魏道明來電

民國三十五年五月二十四日

第58號。五月二十三日。南京外交部，遠東委員會今日第十二次會議，議決如下：（1）搬遷日本工業，作為賠償計劃，除上次會議通過三項外，再加機器工具工業、硫酸工業、造船工業三項，原文另電。（2）日本掠奪財產退還，何時起算，法代表提議：能查明者退還，不限時日，除英、荷代表須請示外，其他各國同意。如英、荷政府無異議，即為定案，原則再議。魏道明。

外交部致駐日代表團朱世明團長函

民國三十五年五月二十七日

中國代表團朱團長。六四號電悉。日政府通令全國沒收劫自我國之物資係以七七事變為起算日期，惟中日戰事實起自九一八事變，審判日人戰犯要求賠償既以該時為起算日期，要求歸還劫物，自亦應以九一八為起算日期，希向盟軍總部接洽辦理具報。外交部。

外交部致駐日代表團朱世明團長代電

民國三十五年七月十五日

駐日朱代表。據駐美顧大使電稱：遠東委員會決議，被日本劫掠之財物，不論被掠時日，一經查明，均須歸還，已訓令麥帥遵辦。麥帥覆稱：但為佔領軍安全，彼有權保留一部分工業設備及運輸工具等語，特電查照，嗣後對日境內我被掠財物希密切注意調查報部為要。外交部。

駐美大使館來電

民國三十七年三月二十六日發字六六八五號

外交部鈞鑒：關於賠償要求項目，遠委會賠償小組正研擬草案，規定：（一）各國根據賠償比額之分配案（FEC-21917）所獲之賠償，應視為包括所有各該國人民在戰時所受之一切損失，損害及傷亡等。但下列各項則為例外。乃另行提出要求：甲、歸還劫物及歸償文物之要求。乙、在日財產損失之補償要求。丙、戰前盟國政府或人民對日之債權等。（二）除有關兩國另有協議外，各國所提之賠償要求，應視為包括戰時外僑在該國所受損失在內。查以上第一點所列舉應單獨提出之要求，以我國情形論，似尚應加入下列各項：1. 戰時日方未履行之契約；2. 收回日本軍用票之損失；3. 遣送日僑俘之費用；4. 收復淪陷區之佔領費用，包括佔領越南之費用在內；5. 收回蘇軍在東北發行之軍用票費用；6. 日本徵用華工欠付之報酬；7. 海外華僑之戰時損失（如我採屬地主義時，此項不應列入）；8. 因移轉領土所發生

之金錢的要求。上述各項是否妥善，及應否補列，統祈
核示。至該草案第二點，各國僑民損失，要求採取屬地
原則，由所在國政府一併提出，查與行政院前定之原則
不符。我對此可否贊同，併祈示覆為禱。遠東委員會中
國代表團叩。

外交部致駐美大使館電

民國三十七年六月二日

駐美大使館鑒：關於賠償要求項目案發字六六八五號代
電悉。查賠償攤額即已確定，而賠償範圍及數量，尚未
確定之時，即謂所獲賠償須包括一切損失在內，殊不合
理。本案我方應根本反對其成立。惟若多數國家同意討
論本案，則我對其所列可以另行要求賠償之項目，應主
張儘量擴大，除原代電建議增列之各項外，其他如日本
在臺灣及收復區所發鈔票公債，臺灣及收復區經濟事業
存日資產，我駐外人員被日軍殘殺之損害賠償，日本徵
用臺灣人民財物而須由我政府予以補償之損失，以及行
政院賠償委員會所定抗戰損失項目中所列性質較特殊，
損失較鉅各項，均應儘量要求列入。至華僑損失一項，
亦應維持我既定屬人主義原則，一併要求列入，由我自
行索償。茲將有關參考資料檢附（均屬未定案，只供參
考），即希查照辦理具報。又，此後在遠東委員會討論
任何議案，對於下列諸點應特別注意：（一）不利於我
或盟方之提案而非在遠委會權限內者，根本反對討論。
（二）對於遠委會之提案，應多從政策上加以研究，
其次再考慮技術上之問題。（三）應主動提出議案。

（四）過去部方重要指示，如未提出，或未通過，應就其他每一提案性質，有可以加入之時，重行提出，或另擬新案提出。以上併希查照。外交部東，附件如文。

行政院賠償委員會來函

民國三十七年七月

案查前准貴部外三十七東一字六三二五號暨九九八○號兩代電，以先後接准英、法兩大使館照會，關於我國被劫物資由日方運英、法兩國及其屬地境內者，得依據互惠原則，填表檢證，申請歸還轉發，囑即查照辦理等由。當經電各部會暨各省市政府查照在案。茲准財政部庫一字（六一八）、（七○九）號代電內開：「前准貴會本年三月二十七日京（卅七）二字第五一七○號代電，以准外交部電為英政府復准關於我國內人民財產被劫至盟（英）國境內，當照互惠原則辦理一案，囑查照轉飭洽辦等由。當經分飭本部有關單位暨所屬機關，如有財產被日劫至英國或英屬境內者，速依照規定，填具申請歸還劫物表等，一併呈報，以憑轉請歸還在案。茲據國庫署案呈准關務署函稱，經飭據海關總稅務司署呈稱：『遵查關於填送海關財產直接損失彙報表，及敵人在戰時劫奪海關物資調查表，迭經職署呈報有案。該項財產及物資是否有劫至英國或英屬境內，職署無案可稽。』等情，請查照彙辦等由轉陳到部。查我國被劫物資，被敵劫往地點既未經敵方通知，自無從懸揣。茲為辦理迅捷而臻詳實起見，如有發現被劫至英國及英屬暨法屬境內之我國物資，似應請由查獲國家依照互惠原

則，將全部劫物註明品名或種類數量，及其他情形詳單照會我國政府，以便分飭所屬機關調查失主，檢具物權證件核對屬實後，申請歸還，較為具體合理。茲據前情，用特略供意見，請貴會參酌辦理，仍希見復。」

正辦理間又准庫一（六四五）、（七一二）號代電內開：「茲准貴會京（卅七）二字第五六二四號代電，以准外交部電為法政府允准關於我國內人民財產被日劫至法國境內，當照互惠辦理歸還一案，囑查照轉飭申請歸還等由，當經分飭本部各有關單位暨所屬機開，迅遵照查報以憑核轉在案。茲據國庫署案呈准關務署函稱，經飭據海關總務司署呈稱關於海關損失之財產，及物資是否被劫至法國或法屬境內者，該司署無案可稽等語，轉陳到部經核戰時我國所損失之財產物資被日劫往地區，未經敵方通知。自無知悉，為迅赴事功起見，似應由我國政府商從法國政府准將截獲劫物先按種類數量詳列清單，通知我方，以憑檢具物權證件，俟查認核對相符，再由我國申請歸還，照中法互惠原則辦理，如何之處？相應復請卓察洽辦，並祈見復。」

各等由准此。查財政部原提意見於被劫物資之歸還，顧慮似較周密，惟與商定原案，稍有出入，可否賡續洽商補充之處，相應函請貴部酌察辦理，仍希見復為荷。

此致外交部。

外交部致行政院賠償委員會及駐日代表團電

民國三十七年四月十五日

行政院賠償委員會、駐日代表團公鑒：查關於被日本自各盟國境內劫往日本本土之物資應查明發還一案，遠東委員會前曾通過歸還劫物政策，決議由美政府轉飭盟總遵辦。該項政策決議自付諸實施以來，有關各國咸感缺點甚多，亟需加以補充，以收實效。經由該會另擬新草案，提請討論各情，前經迭電轉請查照、轉飭知照在卷。茲據駐美大使館電，以新草案中日海以外被劫沉船責由日方打撈問題，美蘇意見不能協調，蘇復不同意另案討論，致影響全案之通過。現美方為應急需，已於本年三月按照遠東委員會組織條例之授權，就新草案已獲協議各點之一部分，頒發臨時指令，飭盟總即行實施。等情。呈送美方臨時指令原文到部。

查該指令係補充遠東委員會業已通過實施之歸還劫物原定政策之不足，故原定決議仍繼續有效。此次指令補充之點如下：

（一）一切劫物查明均應歸還（原政策規定，僅交通及工業之機械設備、貴金屬、文物、原料等四類劫物可以歸還）。

（二）被佔區在被佔期間所生產之物資為日劫奪運日者，亦應歸還（原政策規定，被佔區為日劫去之物資，須在被佔以前業已存在者，方得歸還）。

（三）駕駛被劫船隻赴原所有國家交還之船員，其一切費用，除非自願，接收國可不予負擔（原政策規定，此項費用應由接收國負擔）。

（四）前往劫物接收國載運輸日物資之日船，自日本出口時，若有空位，應順便搭載劫物至該國交還（原政策規定，船隻以外之劫物，日方僅負責運至日本港口為止）。

（五）除金銀珠寶及文物外，其他業經查出，現由盟總保管之不能證明原主之劫物，應由盟總加以變賣，所得價款由盟總保管並加以運用，至三十八年十月一日為止——彼時再按照一般賠償之比例分與中英澳法印紐菲七國。在保管及運用期間，盟總須負責保持此項變賣價款之原有價值（關於此項業經查出但不能證明原主之劫物，究應如何處置，原政策並無規定）。

（六）由遠東委員會十一國各派代表一人在日組織歸還劫物委員會，以備盟總諮詢，以盟軍統帥或其代表充任主席，但不參與表決。若遇申請歸還劫物所繳證件有疑問時，該項劫物究應歸還抑作為不能證明原主之物資加以變賣，盟總應諮詢該委員會之意見。有關歸還劫物事宜，若盟總意見與該委員會多數代表相左時，盟總應將該委員會意見通知美政府（原政策規定盟總全權決定有關歸還劫物事宜）。

（七）各國申請歸還劫物，應自此項指令頒發之日起八個月以內儘速辦理，過期除非得盟總特別同意，不得再申請歸還（原政策並未規定申請時限）。

再查尚有下列諸點，雖經列入遠東委員會歸還劫物新草案，並已在會中獲得協議；但此次美方臨時指令並未列

入：一、日海以內被劫沉船打撈修理費用由日本政府負擔（原政策規定，此項費用雖由日方先行墊出，但須在接收國賠償帳內扣除）。二、劫物事先未經申請，因而被劃作賠償物資時，如已交付賠償，接收國方不得再行申請歸還（原政策規定，劫物一經劃作賠償物資，即不得申請歸還）。三、業經查出但不能證明原主人之劫物，在變賣之前，盟總須予各國代表以充分之視察與鑑別之機會。又不能證明原主之金銀珠寶及文物，應與其他不能證明原主之劫物同樣處理。（原政策無關於不能證明原主劫物之規定）。四、申請歸還劫物所繳證件有疑問時，應根據法律公道及常識判斷應否歸還（原政策規定，劫物應否歸還，以所繳證件為唯一之判斷根據）。以上各點，已復飭駐美大使館連同日海以外沉船打撈問題，迅速再以專案提請遠東委員會通過。

查此次美方所頒指令，對於各國向盟總申請歸還劫物已規定八個月期限，為期甚為短促，我似應迅速除轉知有關機關，並通告各省市政府及人民，若有劫物被日運往日本本土，尚未申請歸還者，應即檢具證件，在期限以內逕報該會轉本部飭洽。茲特將美方原指令抄附，即請查照核辦見復。至此後盟總按照此項指令，對於業經查出，但不能證明原主之劫物所作處置，密切注意詳細報部。外交部，東。附件如文。

外交部致駐外各使館電

民國三十七年四月十五日

駐外各使館鑒：頃據我出席遠東委員會代表來電，以美

國代表在會中宣稱，關於戰時被日本自被佔各國境內劫往日本本土之盟國財產，向駐日盟軍總部申請查明歸還一事，美國政府為求早日辦竣，已於本年三月根據遠東委員會組織條列之授權頒發臨時指令，規定此項劫物各國應於該指令頒發後八個月以內儘速申請發還，過期除非得盟軍總部特別同意，不得再作此項申請等情。查遠東委員會通過之歸還劫物議決案規定：除船隻以外，其他被劫往日本本土盟國財產之申請歸還，應由劫物原在國政府代為申請歸還轉發原主。茲據前情，希迅速轉飭駐在國各領館通告華僑，如有此項被日自駐在國境內劫往日本本土之財產，應即在限期以內，儘速檢具物權及被劫證件，報請駐在國政府向盟軍總部交涉歸還轉發，並將辦理情形具報。

外交部致駐美大使館電

民國三十七年四月十五日

駐美大使館鑒：關於美政府頒發臨時指令補充歸還劫物原案事，四二九電及指令原文（FEC-303）均悉。已轉請行政院賠償委員會查照，迅速轉知有關機關並通告各省市政府及人民，若有劫物尚未申請歸還，應即在八個月限期以內，儘速報請辦理。在外華僑，亦已飭我駐盟國使館通告週知。此後盟總按照此項指令，對於業經查出但不能證明原主之劫物所作處置，亦已飭駐日代表團密切注意詳細報部，再憑核轉。惟查下列於我最關重要諸點，前雖經列入歸還劫物新草案，並已在會中獲得協議，但美方此次臨時指令並未列入，我似應連同日海以

外沉船打撈問題，迅速再專案提請遠東委員會通過，以免久懸，（一）日海以內被劫沉船打撈修理費用由日本政府負擔，不在接收國賠償帳內扣除。（二）劫物事先未經申請，因而被劃作賠償物資時，如已交付賠償，接收國方不得再行申請歸還。但劃作賠償物資已交付接收國之後，對於原所有國似亦應由我主張准其申請另以其他同樣同值之物資加以賠償。（三）業經查出但不能證明原主之劫物，在變賣之前，盟總須予各國代表以充分之視察與鑑別之機會。又，不能證明原主之金銀珠寶及文物，應與其他不能證明原主之劫物同樣處理。（四）申請歸還劫物所繳證件有疑問時，應提據法律公道及常識，判斷應否歸還，希遵辦具報，外交部。東。

駐日代表團來電

民國四十一年一月五日

外交部鈞鑒：查關於盟總將劫物歸還業務移交日本政府接辦一事，業於十二月十一日以團接（四○）字第二五四六號代電附帶略陳。茲根據去年十二月九日盟總致日政府訓令 Scapin 218 號及附件，並參考去年十二月十一日第卅六次歸還顧問委員會會議時主席之報告，加以研究，結果大要如次：

（一）日政府於和約生效後，應遵照和約規定，繼續接受各國要求歸還劫物之申請。按該約第十五章 A 節訂明，自和約生效之日起九個月內，日本對於每一盟國及其國民在日本之有形及無形財產一切權利，或任何種類之利益，凡在一九

四一年十二月七日至一九四五年九月二日間之任何時間，曾在日本境內者，經各該盟國請求後，應在請求後六個月之期間內予以歸還等由。（原文見附件一）

（二）自一九五一年十二月卅一日起，日本政府接辦盟總歸還劫物各案，應遵照以往盟總所頒訓令（Scapin）中所規定之歸還原則辦理，由日本政府直接與有關各國駐日代表團洽辦。按上項訓令經盟總分為三組，計：A. 廢除，B. 修正及 C. 照舊。（原文見 Scapin 2187 附件，Group A, Group B, Group C,）

（A）Group "A" Scapin（附件二）：內容為盟總令飭日政府向盟總報告關於劫物保管登記之狀況及格式等，因此項手續已於 Group "B" Scapin 另有規定，故予廢除。

（B）Group "B" Scapin（附件三）：修改要點為日政府原應對盟總報告，現改為咨照各有關政府之駐日代表團（代表被劫物資原來地點之政府），其對於劫物保管及移交責任，原係日政府受盟總監督辦理，現則改由日政府單獨辦理。

（C）Group "C" Scapin（附件四）：關於歸還劫物，日政府不得視為新進口貨物，課以捐稅。

（三）日政府自接辦歸還業務日起，迄和約生效日止，對於各案，凡擬定歸還者，仍應經過盟總批准後

實行，和約生效後，日政府可全權處理，不必經
過盟總批准。

（四）一般而論，嗣後日政府接辦歸還劫物業務情形，
大致當與已往盟總辦理時代，無甚變動。不過我
方交涉對象，改為日本外務省賠償廳，以代盟
總。關於在和約生效後，日政府對該項業務之處
理，持何方針，目前尚未有所聞。

（五）除分電經濟部外，理合抄同 Scapin 2187 原文，
並附同上述各項附件，呈祈鑒核駐日代表團團接
亥江。

二　金屬類

張三畲堂財產清理委員會呈

民國三十五年十一月十四日

竊查張三畲堂，即張漢卿，前曾寄存於其出資經營邊業
銀行，遼寧總行金庫之內，赤金金塊計重1,285,675,185
公分，按三六折合瀋秤，約為35,713.199兩，九一八事
變被敵偽沒收，曾刊諸偽組織政府公報之內（數目毛重
39,789.76兩）。八一五光復，本會成立，清理張三畲
堂財產，關於此項金塊亟應整理，前在新聞紙上，刊有
麥帥總部派人檢查某日本銀行，曾在地下室內，發視大
宗金塊云云，此中之一部，或即為沒收之件，用謹根據
該項偽政府公報所載，繕備呈文，恭請鑒核，准予咨函
麥帥總部，調查此事原委，及其真象，果如係此間之
物，擬即懇請鈞部，據以交涉，俾得返還，物歸故主，
實為德便。謹呈外交部。

張三畲堂財產清理委員會　主任委員張作相（印）謹呈

行政院賠償委員會致外交部代電

民國三十六年一月三十一日

外交部公鑒：據北平聚義銀號呈報被敵劫搶黃金現款銀元等項，請予追還一案。除批示外，相應抄附原呈件，電請查照轉飭駐日代表團，交涉索還為荷。行政院賠償委員會子（卅六）一附抄原呈一件，報表一張，照片七幀。

附抄北平聚義銀號原呈

呈為呈送損失報告單暨各項照片仰祈鑒核，迅賜向日追索事。竊商號前被日敵威迫勒繳存款掠取金塊銀元等項，請求提交敵國退還一案，呈奉鈞會償一調京字第00357號通知內開：據該商三十五年十二月十二日呈為聚義銀號損失金塊存款等，請賠償一案。查日軍沒收物資，應填報財產直接損失報告單，連同證件照片送會，以便轉寄外交部，向日追索。如追查無著，則視同損失，彙案登記，相應通知，即希查照等因奉此。查商號共計被敵掠取存款七十六萬五千八百三元二角一分，除抵欠三萬九千二百零八元三角一分，實沒收去七十二萬六千五百七十四元九角。金塊一千二百兩有奇，銀元廿一萬一千元。除其中黃金四百兩，銀元二十一萬一千元，敵人未給收據外（其未給收據之理由已詳前呈），理合造具財產直接損失報告單，並檢同各項照片，呈請鑒核，速賜飭令敵國早日退還，以便發給存戶而解糾

紛，實為德便，謹呈行政院賠償委員會。

北平聚義銀號　王振亭印

三十六年一月六日

駐日代表團來電

民國三十六年八月十八日

第 907 號。十八日。南京外交部。麥帥寒日宣布，於日本所有金銀及其他珠寶中提出值一億三千七百萬美金之金銀，經遠委會核准用作購買外滙，藉以恢復日本經濟，此項金銀用作佔領日本時期之進出口貿易週轉基金，並以此基金向盟國及中立國政府，或商業機構借款，或賒欠物資，其總額擬達五億，基金之保管及運用，在盟總監督下設立專員辦理，遇日本政治情形變動時，此項基金即行清算並償清借款，據總部經濟組發言人稱，此係重建日本為自給商業國之重要步驟，發展日本出口貿易，必需先行輸入原料，而日本又必需依出口謀生存，詳情另呈，駐日代表團。

駐日代表團來電

民國三十六年十一月二十九日

第 99 號。廿九日。南京外交部。日本現存貴金屬情形，鈞座過日時，曾將提出一部份設立貿易週轉金情形連同盟總訓令面呈。茲據盟總報告，本年九月二十一日盟總保管存金，為 182,897,477 公分，值205,812,702美元，內 7,300 萬公分已有安南、暹羅、中國等國申請歸還。白金 4,474,091 公分，值 5,034,650 美元，銀

2,046,919,371 公分，值 46,710,700 美元。復據盟總有關方面口頭表示，金鋼鑽有 18 萬克拉，值 2,500 萬美元，惟荷蘭申請歸還數量即達 35 萬克拉，兩倍於現保管數量。又據密報，日本中央地方政府金融機關及法人所存金，尚有 99,426,000 公分，值 123,136,000 美元，銀 189,989,000 公分，值 43,355,000 美元，白金 1,093,000 公分，值 1,229,000 美元。以上各項，合計約值 450,278,052 美元。除繼續調查外，特先電聞。代表團。

駐日代表團來電

民國三十六年十二月二十二日

南京外交部鈞鑒：東卅 621848 號代電奉悉。關於臺灣新營糖廠被劫白金器材申請歸還一案，該廠所送請求書第 C 節載明，被運白金器材計重 239.8914 克，而所附抄「遠藤」領收證上祇具 174.5211 克，兩項重量不符。又第 B 節與 D 節所述「遠田」與「遠藤」是否一人？懇飭該廠迅即查明具覆。如所抄附件領收證並未包括全部損失，亦請飭將未報部份從速詳細開列清單，一併具報，俾便交涉。除已先函盟總進行調查外，理合抄同致盟總原函，隨電呈請鑒核，即請轉知為禱。駐日代表團接亥哿。

臺灣糖業股份有限公司新營糖廠代電

民國三十七年二月九日

國民政府外交部公鑒：東（卅七）字第二八七號代電敬悉。查本廠前報損失資產之賠償請求書，因公文輾轉來往，致有錯誤。查本廠白金器材於民國三十三年十月二日為日人遠藤秀世（並非遠田）領去 65.3730 克，同年十月十八日又領去 174.5211 克，兩次合計為 239.8941 克。除將原領收證奉呈糖業公司轉送外，謹先電復，即請查照為荷。臺灣新營糖廠丑江。

抗戰期內被敵劫掠礦品調查表

民國三十七年六月

資源委員會編

單位：公噸

時期	地點	礦品數量
31 年	香港	鎢砂（Tungsten Concentrate）3,014,674 純銻（Antimony regulus）159,003 錫（Refined Tin）1,345,604 鉍砂（Bismuth Conc）566,424
32 年	湖南	純銻（Antimony regulus）400,000

說明：

一、原表所列數字已電告駐日代表團接收委員會。

二、該項數字係最近所報具體證件正尋覓中。

三、尚有部份單位須俟報告到會自行列送。

三十三年冬間日軍侵入金城江損失礦品數量表

資源委員會編

礦品噸量	損失地點
鎢砂（Tungsten Concentrate） 240 噸	金城江六圩
純銻 （Antimony regulus） 200 噸	金城江六圩
純錫 （Refined Tin） 115 噸	金城江六圩

附註：三十四年八月二十五日由報請經濟部轉呈行政院
鑒核有案。

賠償委員會秦汾致王部長函

民國三十七年九月十八日

雪艇部長吾兄勛鑒：八月十九日華翰奉悉。關於吾國被
劫金銀事業，經分別轉知各受損失者詳細查明被劫經過
及補送有關證件。一俟轉送到會，當即彙上。茲特將該
案在初次報送資料中所填被劫經過情形，先行列表分別
註明，隨函送請察照。耑復，敬頌勛綏。弟秦汾敬啟。

附金銀塊金銀幣被敵劫奪損失表

原呈報人	黃金（市兩）	白銀（市兩）	銀元（原）	被劫經過
北平聚義銀號	1,200		211,000	26 年 12 月 4 日北平特務部派成田少佐，天津特務機關派武田確忠共同提去，北平特務部並給有八百兩黃金收據，其餘四百兩為天津特務機關沒收，不給收據。當時與日人武田相識之華人張化南，為證同時於十二月五日北平特務部派武田確忠將該行銀元二十一萬一千元載運至東交民巷朝鮮銀行未給收據。
張三畬堂	39,789.76			瀋陽事變時被日軍劫去，證件已由該堂呈外交部。
班禪駐平辦事處	400,359	267.34		（僅白銀二一四兩三錢四分有證據）為日軍強提並給有證據（證據待繳）
李廣和	1,500			32 年 9 月 11 日為駐太原日憲兵隊劫去未給證據。
青島農工銀行			598	日軍進攻青島時被日軍劫奪，未附證件。
婁敬言			18,500	日軍進攻時為日軍搶劫（未附證件）
李光澤	240		7,000	同上
石鍾琇	200			同上
宋一庭	165			同上
周文玉	200			同上
林道明	200		24,000	同上
吳啟帆	25			同上
陳豫蔭			17,778	（證據待查）31 年 5 月 22 日在天津市第十區鎮南道三一三號被日軍劫去。
奇俊丰	275.9	16,250	200,000	日軍進攻時為日軍劫掠未給證據。

原呈報人	黃金（市兩）	白銀（市兩）	銀元（原）	被劫經過
烏拉特前旗人民	300	500	8,100	同上
陳炳權	300			香港淪陷時被日軍劫奪未附證據。
陳國源	10			被敵沒收未附證據。
關德章	21			日軍進攻時為日軍搶劫未附證件。
沈丞潛	5.5			同上
黃為明	5.7			日軍進攻時為日軍搶劫未附證件。
劉振三	15			同上
秦一飛	20			同上
孫本文	15	260		同上
鄧家彥	95			同上
張錫甲	52			同上
梁汝煌	11			同上
王肇民	4			同上
溶縣金融業	208	940		敵軍進攻該縣時搶劫未給證據。
劉顯之		320	330	日軍進攻時為日軍劫奪未附證件。
財政部貨稅局北縣辦事處	5			同上
王倘	9			同上
王震川			5,000	同上
董堯皆			4,000	同上
中央銀行	12.325	385	12,774,121.69	
農民銀行	303.29788	176,371.55		
廣西省銀行			483.8	關於各銀行及中央造幣廠金銀塊被劫。損失之經過及證件候函請財政部查明後再行補送。
安徽省銀行			12,937.6	
綏遠省銀行		51,889.26	862,720	
中央造幣廠		2,256		

原呈報人	黃金（市兩）	白銀（市兩）	銀元（原）	被劫經過
總計	445,545.72288	10,458,491.2732	銀元以七錢二分折成白銀	

三 文物

駐日代表團代電

民國三十八年一月二十五日

南京外交部鈞鑒：前奉鈞部第 23677 號酉陽代電，以申請歸還江都縣政府聲請歸還之被劫之史公祠舊炮，等因到此，遵經檢同附表，咨行盟軍總部澈查去後。茲准盟總覆開：「此案經飭日政府查究，據稱：當時駐居揚州之隊伍係尼谷部隊，該部隊中人尚未能獲得，現仍在繼續調查之中，俟續有所聞，當再奉達。」等語。除電陳行政院賠償委員會外，理合抄同盟總來文全件具文陳覆，敬祈鑒核，並請轉知江蘇省政府洽照為禱。駐日代表團接子有。附件如文。

駐日代表團代電

民國三十八年七月十四日

外交部鈞鑒：第 5003 號銑代電敬奉悉。查溥儀以清宮古物賞溥傑事，曾經本團張顧問鳳舉面質，當時溥儀來日係在遠東戰犯法庭作證，寄居東京蘇聯代表團。據當時溥儀作答謂，賞古物與溥傑確有其事，惟因時日久遠，所賞何物，不復記憶。僅知一切盡在長春等語（請參閱三十五年九月四日本團朱團長復教育部杭次長申魚電）。茲奉前因，業經派員向盟總主管人員洽詢，並索

閱資料。盟總人士謂此時尚無著落，故此案關鍵所在，仍需有故宮博物院所印已佚書畫目，方可作為有力之證件，提供交涉。如已紛失，敬祈轉咨有關各單位設法搜集或抄示，俾憑續洽。除經電覆行政院賠償委員會外，統候鑒核施行。駐日代表團接午寒。

駐日代表團代電

民國三十八年九月八日

外交部鈞鑒：（卅七）接字第四七二六號代電諒達。比經詳咨盟結交涉歸還去後，嗣准盟總覆開：根據日方報告千手觀音像，既另一佛像，均非劫物，乃係當時褚逆民誼所接洽與日方之佛像二尊，交換供養。至日方所贈之佛像二尊現仍供養於南京毘盧寺，懇免予歸還，以敦宗教上之睦誼。」等語。並附日方詳細報告到此，當經覆知盟總略謂：「姑念情形特殊，並表示宗教睦誼起見，暫時可予同意。惟仍須呈報國內備案。」等由亦在卷，理合抄同原報告一份，隨電附呈。敬祈鑒核。駐日代表團接申齊附件如文。

大公報登載日還中國書籍一批

民國三十七年三月二十五日

（本報南京廿三日專電）關係方面息：日本東京政治研究所內東亞研究所存有劫自我國的書籍共一萬五千四百七十冊，其中有古書五千三百九十一冊，萬有文庫二千二百九十三冊，圖書集成一千九百九十冊，以及其他雜誌五千二百五十六冊，業經我駐日代表團向盟

總交涉，全部歸還，短期內可運返上海。

和平日報登載日歸還絡絲古畫

民國三十七年三月十七日

（中央社東京十八日專電）日本所掠我國名貴之明清兩代絡絲古畫二十七幅（□□五十六幅），今晨歸還我國。據稱：此係國內可能發見之最珍貴之古畫，係張學良以前在瀋陽事變前贈與瀋陽博物館者，事變後為日人所劫去，並於一九四三年送往日本重新裱裝，原定重裱後送返瀋陽，但因戰事驟告結束，乃保存於國立東京博物館之帝國博物院內。我國駐日代表團之賠償歸還組長吳半農稱：各畫將是否送還張氏，尚不可知。渠認為因珍貴罕有，各畫應作為國有財產。吳氏稱：南京方面，將向賠償歸還委員會提出意見，二十七幅之中有六幅為明畫，二十一幅為清代乾隆年間之畫，包括祝枝山及乾隆帝之墨寶在內。各畫均彩色鮮豔，多為花卉及著名之神像。畫上之圖記表明係張作霖、張學良父子自曾任袁世凱手下總理之朱啟鈐處所購得。各畫將於三月二十三日與日本最近所歸還之玉屏翠瓶等在代表團處展覽，此間各盟國記者已應邀前往參觀，各畫運返國內之日期尚未決定。

四　存日資產及訂購器材交涉經過

駐日代表團來電

民國三十五年九月二十日

第一三三號。十九日。南京外交部部長王，並轉院長

宋、副院長翁鈞鑒：關於追回被掠資產事，曾於六月初奉上兩電詳呈各項意見，藉供參考在案。現除被劫物資 Looted Property 確有證據者，可查究歸還，已經遠東委員會規定並限定被佔領期內所生產之物資不在歸還之列，已於銑日電請華府交涉糾正外，其餘各項尚無確定辦法。最近曾派員會同 Bayne 與盟軍總部物資保管組正式談及，我方提出：（一）被劫物資如永利硝酸設備、廣東造紙廠及船舶等。（二）在日存款，如華中儲備銀行存款，臺灣銀行準備金等。（三）在日分公司資產，如臺灣拓殖中支那振興滿洲重工業公司等之分公司資產及在日投資等。（四）未交清定造貨，如華北、東北各事業所訂購之機車鍋爐及發電機等，均應由中國收回，被劫工業設備，並應由日方運回我國原處，負責裝置。駐日代表團。

駐日代表團來電

民國三十五年九月二十五日

南京外交部。（續一三三號電）。彼方表示意見，可歸納如左：（一）購訂物資工程付清貨價者，可商經濟組簽請總部作為貿易品，特准出口。（二）交戰國未完合同，照慣例應一律作廢，且承造工廠多在破產或停頓中，債務尚待清理分攤，故未完合同，無繼續履行可能。（三）偽組織在日存款，查明歸還，應無問題。至日人在臺灣、滿洲所辦事業，本係日本政府或商人投資，財產應屬原股東，除中國境內資產，已經接收充抵賠償外，其留存日本分公司及其他資產，中國無接收之

理由。（四）滿洲重工業公司，雖有偽政府投資，但係用無價值之偽幣撥充，其在日本各工礦事業所佔之股權，亦無由中國承繼之可能。（五）歸還物資照遠東委員會規定，應在日本海港移交，運輸由各盟國自理。（六）盟軍總部只能就遠東委員會規定辦法審情執行，無權超出範圍。凡未經遠東委員會規定事項，或已經規定而認為有修正必要者，均應由中國向該會提出請求，一經通過，即當遵辦。在未通過前，絕無在此間爭論解決之可能。如照目前盟軍總部此項辦法，則吾國所能收回物資為數必少，損失殊大，擬請參照八月初電呈各節，迅電顧大使，請求遠東委員會顧及中國在各盟國中受害最重，另訂公允辦法，俾我國合理要求，得達到目的，是否有當？敬乞察核。朱世明。徑。

駐日代表團來電

民國三十六年三月十九日

南京外交部鈞鑒：竊查關於物資歸還案，茲經以第（六八三）號、第（七〇二）號代電呈報鈞部在卷。惟物資歸還種類龐雜，案件紛紜，除甲項劫奪物資，總部已遵照遠東委員會規定辦理外，其餘乙項金融資產，即各偽政府、臺灣政府及東北、臺灣、華北、華中、華南等地敵偽經濟事業在日所有一切資產及存款準備金、保險金、郵政儲金等應由我國接收一則，總部以未奉遠東委員會指示為辭，不允辦理。丙項，各工商金融事業，其總公司在臺灣、東北、及國內其他各地者，在日分公司其資產應由我接收，總部亦以遠東委員會未有明確政

策，迄今擱置。丁項前吾國淪陷區政府或民營廠商向日本廠商訂購器材，尚未交貨，應一律仍作有效一案，經本團迭向總部交涉，准具卅五年十月一日及十二日覆函，以此事無前例可援，業向遠東委員會請示。其經濟科學組有關人員曾面稱，此種合約須全部取消，如仍需該項器材，必須重訂合約，並另付貨款，始可作為貿易品出口等語。查乙、丙、丁各項攸關我國利權極大，誠應據理力爭，以免損失。惟原則之決定權在遠東委員會。茲經擬具意見，並列舉乙、丙兩項若干重要案件，具文呈報，懇祈鑒核，並咨行遠東委員會，從速核定原則，俾便將來交涉時有所依據實為公便。再關於訂購器材案件，雖戰時所立契約，國際慣例多認為無效。但如援引凡爾賽條約第（二九九）條（見附呈意見書（D）項仍可要求履行。又查英美學者將佔領軍在佔領時期所立契約分為兩類，即 Contracts of Exploitation 及 Contracts of Administration，後者可能有效（見Bordwell 著 "The Law of War Between Belligerents" P. (329)），足供參考，合併陳明。駐日代表團經歸寅皓附呈意見書及案件摘要表各一件。

各偽政權在日資產歸還問題中日交涉經過情形

民國四十一年

（一）我方最初提出之二十二條約稿內即載有此項規定。在其第十三條（即金山和約第十五條）甲項下除轉載金山和約規定，日方應將我方在日資產歸還我方外，插入下列一段：「凡在某一時間，

被認為由在中國之偽政權如『滿洲國』及『汪精衛政權』者所保管或屬於該偽政權在日本國之財產、權利或利益，應視係中華民國之財產、權利或利益」。

（二）在三月七日下午中日和會第六次非正式會議中討論該第十三條之時，木村首席團員曾謂：「偽組織財產，乃屬貴國政府所有，可依第三條規定予以處理，本條請予刪去。」胡副代表即表示偽組織在日資產並不屬於第三條範圍之內。同時並提出補充案，將「九一八」日期插入條文之內。

（三）日方在其三月十二日所提十三條參考意見內，並未載有此項規定。我方於三月十五日所遞第二次約稿內，徇日方之請求，將我第十三條允予刪去。但將歸還偽政權在日資產之規定轉載於議定書之內。文字如下：「依照金山和約第十五條，日本國應對該約其他締約國歸還之財產及恢復之權利與利益，對中華民國而言，應包括在某一時間被認為由因中華民國二十年即公曆一千九百三十一年九月十八日所謂「瀋陽事件」結果而在中國組設之偽政權，如『滿洲國』及『汪精衛政權』者所保管或屬於該偽政權之財產、權利及利益。」

（四）木村首席團員在三月二十一日與胡副代表談話時復又聲明「各偽政權在日資產，自係貴國政府之資產，似毋須予以規定，且可根據中日和約第三條予以解決。」胡副代表答稱：「如無明文規

定，將來在適用上將無所依據。至約稿第三條，則與各該資產無關。」

（五）木村首席團員在三月二十二日與胡副代表會談時曾提出將各偽政權在日資產之歸還，另用換文予以規定；其換文內容大致謂所有中國對該項資產之要求，應依照第三條之規定予以解決。胡副代表於二十四日答稱：「日方提案並未確定該項產業為我國產業之原則，且第三條決不能適用，故我方不能接受日方意見。」並面交一書面說明。

（六）在中日和會第九次非正式會議（三月二十五日）中，雙方代表暫時同意之約稿，對於此問題，即依照我第二次所遞約稿，以我原提文字，在議定書內予以規定。

（七）三月二十八日，河田代表根據其政府訓令面交葉代表意見書一件。該意見書將雙方代表於二十五日所暫時同意之約稿予以推翻，對歸還偽政權資產之規定亦予刪除。葉代表於四月二日面交河田代表備忘錄一件重申我方立場請日方重予考慮。

（八）日方於四月八日向我方提出意見書一件。其中對偽政權在日資產之歸還，在其第二節（次要點）第六項，說明日方立場如左：

「（6）Paragraph 1 sub-paragraph (a) of the Protocol (regarding the return of property in Japan once belonging to a collaborationist regime.) It shall be transferred to the official minutes, in such wording as will be agreed upon later.」

茲譯如下：

「（六）議定書第一項（甲）款（關於歸還一度為偽政權所有之在日財產）——擬請另行議定文字，移入正式紀錄內予以載明。」

查在中日代表團交涉此問題時，日方在原則上從未否認各偽政權在日之資產應視為我國之資產。是以我方認為在原則上已無問題，而爭執之點僅在如何表達此項原則及載於何處之問題。

（九）在四月十二日及十三日四次非正式會議中，日代表仍屢次聲明該項資產應視為我方之資產，但為避免其國內攻擊起見，故不願明顯予以表達，故雙方討論僅著重於載於何處之問題。我先主張仍應載入議定書，嗣讓步可改用換文；而日方則始終堅持應載入同意紀錄。關於規定內容，至十三日晚，第十三次非正式會議中，日方忽提出意見，其所用文字與前所商定者甚有出入。

原文如下：

「Agreed Minutes（Collaborationist Regimes）

Japanese Delegate: Whereas the problem of property, rights or interests in Japan of a collaborationist regime created in China after September 18, 1931, such as the "Manchukuo" and the "Wang Ching-wei regime" are not construed to come under the provisions either of Article 3 of the present Treaty or of Article 15 of the San Francisco Treaty, the disposition of such property, rights or interests shall

be the subject of separate negotiation into which the
Government of Japan is prepared to enter after the
coming into force of the San Francisco Treaty.

Chinese Delegate: I agree with you.」

茲譯如次：

「同意紀錄（偽政權）

日本代表：鑒於自一九三一年九月十八日以後，
在中國所組設之偽政權如『滿洲國』及『汪精衛
政權』者在日本國之財產、權利與利益之問題，
並不解釋為係屬本約第三條或金山和約第十五條
之規定範圍之內，則該項財產、權利或利益應另
行商議處理之；日本國政府現準備俟金山和約生
效後，即進行是項商議。

中國代表：余表贊同。」

此項規定在內容方面，不但未明顯表示各偽政權
在日資產應視為我方之資產，且其所謂「應另行
商議處理之」之用意，似將該項資產之歸還與
否，當須由雙方商定。如此則牽涉至原則問題。
葉代表當即表示驚異，認為日方提案係將本問題
前商定之原則亦予推翻，而不僅為修改文字之形
式問題。我方不能接受。

（十）在四月十五日已第十五次非正式會議中，河田代
表提出一折衷方案，其文字如下：

「Collaborationist Regime

Property, rights or interests in Japan claimed to
belong to a collaborationist regime in China, such

as the "Manchukuo" and the "Wang Ching-Wei Regime" shall be handed over to the Republic of China, upon agreement between the two parties.」

茲譯如下：

「偽政權據稱為屬於中國之某一偽政權如『滿洲國』及『汪精衛政權』者之在日財產權利或利益，應經雙方間之協議而交與中華民國。」彼並謂倘中國方面接受此項文字，則彼可同意使用換文方式。葉代表當即表示此項文字既仍未確定該項資產在原則上應歸還我方，而尚待雙方另行成立協議，且「九一八」字樣亦予以刪除，我方不得不鄭重考慮。

（十一）嗣經胡副代表與木村首席團員於十五、十六兩日洽商結果。雙方獲致一同意之文字，我方為使日接受載有九一八字樣之措辭，同意將此項規定改載入同意紀錄之內。全文如下：「凡因中華民國二十年即公曆一九三一年九月十八日『瀋陽事件』之結果而在中國組設之偽政權如『滿洲國』及『汪精衛政權』其在日本之財產權利或利益，均應依照本約及金山和約之有關規定，移交中華民國。」

（十二）日本代表於四月十九日第十六次非正式會議根據其政府之訓令，將上述協議，再度推翻，建議同意紀錄使用雙方代表問答方式，先由我方申述立場，嗣由日方答稱：「本人將貴代表之聲述予以紀錄在卷，本人相信此等問題應於其

成為實際案件時，隨將來情勢之演變再行協商處理」。此項聲明暗示我在目前尚無接收各偽政權在日資產之權。我方葉代表當時即表示不能接受。

五 日在華產業統計及處理辦法

臺灣區（經濟部資源委員會編）民國三十五年

事業名稱	日人投資數目 （臺幣）（指實收數目）
1. 石油天然氣	
（一）日海軍第六燃料廠	120,000,000
（二）帝國石油株式會社	20,000,000
（三）日本石油株式會社	2,000,000
（四）臺拓化學工業株式會社	37,000,000
2. 糖	
（一）明治製糖會社	61,000,000
（二）鹽水港製糖會社	36,922,710
（三）日糖興業會社	109,451,700
（四）臺灣製糖會社	63,501,422
3. 電力	
（一）臺灣電力株式會社	95,478,750
4. 金銅礦	
（一）日本礦業株式會社臺灣支社及金瓜石礦山事務所（金銅）	53,481,363
（二）臺陽礦業株式會社瑞芳礦山事務所（金）	1,784,847
5. 煉鋁	
（一）日本鋁株式會社	79,090,253
6. 製鹼	
（一）南日本化業工業株式會社	7,500,000
（二）旭電化工業株式會社	12,230,000
（三）鍾淵曹達工業株式會社	5,000,000
7. 肥料工業	
（一）臺灣肥料株式會社	1,950,000
（二）臺灣電化株式會社	1,800,000
（三）有機合成株式會社	6,000,000
8. 水泥業	
（一）臺灣水泥工業株式會社	12,500,000

事業名稱	日人投資數目 （臺幣）（指實收數目）
（二）臺灣化成工業株式會社	10,500,000
（三）南方水泥工業株式會社	4,000,000
（四）石灰石株式會社	2,500,000
9. 機械	
（一）株式會社臺灣鐵工所	8,500,000
（二）臺灣船渠株式會社	135,000,000
10. 紙業	
（一）臺灣興業株式會社	13,250,000
（二）鹽水港紙漿株式會社	10,000,000
（三）臺灣紙漿株式會社	7,500,000
（四）東亞製紙株式會社	5,000,000
（五）臺灣製紙株式會社	240,000

華北區

I. 平津區

事業名稱	日人投資數目（日元）（指實股數目如係國幣或偽幣另註明之）
1. 電力	145,650,000（偽聯幣）
2. 鋼鐵	
（一）石景山鋼鐵廠	300,000,000
（二）唐山製鋼廠	30,000,000
（三）天津煉鋼廠	200,000
3. 煤	
（一）門頭溝煤礦	3,430,000
（二）井陘正豐	21,600,000
4. 機械	
（一）華北機械工業株式會社	（國幣）　4,700,000
（二）興亞鋼鐵株式會社	（國幣）12,000,000
（三）天津昌和製作所 昌和洋行	（國幣）41,200,000
5. 電工	
（一）華北電線株式會社	30,000,000
（二）太平電線株式會社	430,000
（三）北支電機株式會社	10,000,000
（四）安宅精機工廠	1,700,000
（五）東光電氣株式會社	1,213,000
（六）東京芝浦北平工廠	
（七）永信玻璃廠	
（八）中華□線電池株式會社	1,000,000

事業名稱	日人投資數目（日元）（指實股數目如係國幣或偽幣另註明之）
6. 化學工業	
（一）東洋化學株式會社	20,000,000
（二）內外化學工業株式會社	3,000,000
（三）渤海化學工業株式會社	25,000,000
7. 水泥	
（一）華北洋灰公司硫璃河工廠	（偽聯幣）12,500,000
8. 造紙	
（一）東洋製紙工業工廠	（偽聯幣）20,000,000
（二）協和造紙廠	（偽聯幣）5,000,000
（三）天津紙漿造紙公司	（偽聯幣）25,000,000
9. 玻璃	
（一）耀華玻璃股份有限公司	12,500,000

II. 山東青島區（按該區本會所擬接辦之各單位正在提請中尚未經行政院核定）

事業名稱	日人投資數目（日元）（指實股數目如係國幣或偽幣另註明之）
1. 鋼銑	
（一）青島製鐵所	50,000,000
（二）金嶺鎮製鐵所	
2. 煤	
（一）黑山	（收購投資）3,000,000
（二）萬山	（收購投資）500,000
（三）興大	（收購投資）250,000
（四）福大	（收購投資）396,740
（五）魯大	1,250,000
（六）博大	150,000
（七）東大	30,000
（八）悅昇	3,025,000
山東礦業株式會社對此四公司（編註：五、六、七、八）之長短期貸款共計（聯幣）158,859,402	
3. 金礦	
（一）招遠金礦	10,744,000
4. 鋁	
（一）張店鋁養廠	
5. 化工	
（一）青島膠皮株式會社	11,000,000
（二）共和護膜株式會社	250,000
（三）維新化學工業株式會社	1,000,000

事業名稱	日人投資數目（日元）（指實股數目如係國幣或偽幣另註明之）
（四）中國顏料廠化成工廠	3,000,000
（五）青島曹達廠	12,000,000
6. 電力	
（一）青島電廠	5,107,825

華中區
I. 上海區

事業名稱	日人投資數目（日元）（指實股數目）
1. 煉油	
（一）丸善煉油株式會社	60,000,000
（二）出光油槽所	30,000,000
（三）大華石油聯營會社	7,500,000
上海煉油廠所接收者僅	
（一）丸善煉油株式會社	6,000,000
（二）出光油槽所	10,000,000
（三）大華石油聯營會社	3,750,000
2. 機械	
（一）昌和製作所	2,000,000
（二）大陸分廠	6,000,000
3. 電工	
（一）日本機械製作所第一廠	300,000
（二）中華電氣株式會社	5,000,000
（三）東光電氣株式會社	（中儲券）135,450,000
（四）大陸煉銅廠	1,000,000
（五）中山鋼業株式會社浦東電線廠	250,000

II. 湘鄂贛區

事業名稱	日人投資數目（日元）（指實股數目）
1. 鋼鐵	
（一）大冶鋼鐵廠	70,000,000
2. 礦	
（一）華中礦業公司	20,000,000
3. 電工	
（一）松下電池株式會社	1,250,000

華南區

I. 海南島

事業名稱	日人投資數目（日元）（指實股數目）
1. 銕礦	
（一）日窒海南興業（石碌礦山及鐵路）	226,984,000
（二）日本製鐵	10,000,000
（三）海南原鐵	6,250,000
（四）石原產業	38,839,990
2. 電力	
（一）日窒電業	24,844,000
3. 洋灰	
（一）淺野洋灰	8,0000,000

接收國內日本產業作為賠償中國損失之一部專案記賬原則案

民國三十五年六月十三日

（業經行政院於民國三十五年五月十四日第七四二次會議議決通過）

查吾國將國內日本產業全數接收，作為賠償吾國損失之一部份，所有此項產業之價值，自應專帳記載，以備考查。外交部咨告美、蘇二國，美國覆文提出意見，亦有此一條。惟此項專帳辦法，亟宜規定及早令由收復各區敵偽產業處理局及其他有關機關著手辦理，茲建議原則

如下：

（一）凡日本方面所繳之陸、海、空軍之軍械、軍艦、
　　　飛機，以及其他軍事用品，皆為吾方之戰利品，
　　　不在賠償之列。

（二）凡日方或各偽組織所曾佔用之吾國一切產業及
　　　各偽組織及漢奸之一切產業，皆原為吾國所
　　　有，不在賠償之列。

（三）凡日人強迫使用偽中央儲備銀行、偽聯合準備
　　　銀行等之鈔券，以及性質類似之偽組織資金，
　　　亦非日人資本，不在賠償之列。

（四）日本資產，可作為賠償之用者，計可分為下列
　　　三類：

　　　甲、日本在華經營事業之資金，例如華中振興會
　　　　　社、華北開發會社等重要日本組織，凡原有
　　　　　資本債券及在華開支，皆應檢查清冊，列單
　　　　　具報。惟在此項開支中，置備產業部份，可
　　　　　作為賠償之用。

　　　乙、自日本運入吾國之各種設備，各地工廠、礦
　　　　　場、鐵路、電訊等事業，如有由日本運來之
　　　　　機器、材料及有關設備，此項物資，皆可作
　　　　　為賠償之用。

　　　丙、日人在吾國所有之產業及房屋等，日本在
　　　　　吾國（尤如東北）所置土地，實係一種侵略
　　　　　行為，其地權，應行撤消，日人所有礦權，
　　　　　亦同此例，均不能列入賠償，但日人所有其
　　　　　他尚可使用之產業，例如三菱、三井及各航

業、礦業、組織等所有在吾國之財產均可作
為賠償之用。

以上所擬，如經核定，宜由院令知各處理局及各有關部
署遵照清查呈報，以便彙總核辦，請公決。

接收國內日本產業賠償我國損失記帳辦法

第一條　接收國內日本產業賠償我國損失應依本辦法專
　　　　案記帳。

第二條　左列各款不得作為賠償之用。

　　　　一、陸海空軍之軍械、軍艦、飛機及其他軍事
　　　　　　用品。

　　　　二、佔用我國之一切產業。

　　　　三、日人使用偽中央儲備銀行、偽聯合準備銀
　　　　　　行等之鈔券及性質類似之偽組織資金所經
　　　　　　營之產業。

　　　　四、日人在我國所強佔之土地及強佔之礦產。

第三條　左列各款得作為賠償之用。

　　　　一、日本在華經營事業之資金及由其資金所置
　　　　　　備之產業。

　　　　二、自日本運入我國各地工廠礦場鐵路電訊等
　　　　　　事業之機器材料及有關設備。

　　　　三、日人在我國所有產業及房屋。

第四條　日本在華經營事業之組織原有資本債券及在華
　　　　開支，均應檢查清冊，列單具報。

第五條　接收日本產業應分可充賠償產業及非賠償產業
　　　　分別專帳記載。

第六條　接收日本產業應詳加檢查，其應計算折舊或
　　　　耗竭者應減除其折舊或耗竭，核實作價，再
　　　　行入帳。

第七條　接收日本產業記帳單位概以國幣為準，如原值
　　　　以日幣或偽幣計算者，應按各該收復區國幣與
　　　　日幣或偽幣之折合率折成國幣，再行入帳。

第八條　各收復區敵偽產業處理局及其他有關機關，應
　　　　將接收日本各項產業之專帳記載表冊，送由賠
　　　　償委員會彙案核轉行政院核辦。

第九條　接收日本各項產業，如經行政院核定出售、租
　　　　賃，或繼續經營後，各接收機關，應即以「接
　　　　收敵偽財產租賃收入」、「接收敵偽營業盈餘
　　　　收入」、「接收敵偽財產及物資售價收入」三
　　　　科目分別處理。

第十條　本辦法自公佈日施行。

第二章
戰犯的處理

第二章　戰犯的處理

第一節　同盟國處理國際戰罪的籌議

一　同盟國及自治領代表準備成立聯合國調查戰爭罪行委員會議紀錄

民國三十二年十月二十日午後四時於倫敦外交部

出席代表如下：

英國大法官（主席）

澳大利亞：白魯斯議員（樞密院）、艾特金男爵

比利時：戴南溪子爵、戴巴將軍

加拿大：芬生麻謝議員

中國：顧維鈞博士、梁鋆立博士

捷克斯洛伐克：羅白靠維茲先生、鮑黑米耳夜塞爾博士

希臘：愛夫里達斯先生、斯垂夫羅婆羅斯先生

印度：薩木爾任加拿漢爵士

盧森堡：克萊遜先生

荷蘭：凡魏爾都倫、戴摩爾博士

紐西蘭：叫爾敦先生

挪威：考爾板先生

波蘭：來克爭斯基伯爵、郭來絲爾教授

南非聯邦：介恩斯先生

聯合王國：英國大法官、喬治赫爾先生、謝西爾赫爾斯特爵士

美國：魏南特先生

南斯拉夫：岳魏鐵克先生、密拉羅魏契先生

法國民族解放委員會：魏思羅先生、克新教授

（一）成立委員會

　　英國大法官於說明外務部長當其缺席待請為會議主席與感謝各出席諸君後。乃追述代表其聯合王國政府，與羅斯福總統代表美國政府於一九四二年十月七日成立調查戰事罪行委員會之意，通知各同盟國政府之摘要書，自此以後，有關各同盟國於是進行討論，聯合王國政府感覺成立委員會應作正式決議之時，已屆不容再有延遲。

　　在會議未進行至此事以前，彼希作初步說明，彼知蘇聯政府在原則上同意成立委員會，並同意成立該會欲達之目的。唯仍有一、二點未能解決，致蘇聯未能出席，實屬不幸。英國大法官感覺將此事報告會議，係屬正當。此對彼等採取成立委員會之步驟，固無妨礙。

　　彼謂委員會應有二初步目的，此在一九四二年十月七日其政府及美國政府之摘要書中，業已明白規定：

　　　一、調查並登記戰事犯之證據盡可能認明應負責之個人。

　　　二、報告有關政府，可以發現確切證據之案件。

　　此二活動倘吾人保證公平與依法審判戰事犯，自屬主要之開端。吾人全體——尤以業已慘遭毒手之淪陷國家——亟欲有此保證。唯委員會之準備調查工作，及最後審判戰事犯之手續，二者須有明確之區別，似為重要之事。後者係代表一較遲時期，且係為一待決之問題。此問題若由計劃中之委員會決定，則毋寧由有關政府決定之為佳。有關政府對恰可稱為「主犯」（Arch

Criminals）之處置尤感興趣，或以此原為一政治問題也。

英國大法官乃提議大會對成立聯合國調查戰事罪行委員會應作正式決議。

荷蘭大使於是宣讀其政府立場之摘要書（該摘要書抄件見附件一）。

捷克斯洛伐克大使宣讀摘要書，謂其政府大體上同意聯合王國政府之提議。

中國大使謂其政府對成立委員會之建議完全贊同，唯保留委員會成立後所發生調查在中國之戰事罪行之時間問題。關於此點，顧維鈞博士指出中國遭受敵人侵略遠較出席各國為早。

大會對以上諸摘要書均有記錄。關於荷蘭政府之摘要書，英國大法官謂其聯合王國政府一向以為審判吉斯林為各有關政府之事，彼感覺荷蘭政府之提議計劃中之調查戰事罪行委員會亦應負責準備將來審判戰事犯，在大會中似難獲同意。

彼提議大會應首先決議成立委員會，至於調查及機構之擴大範圍，應留待將來考慮。此提議大會一致贊同。

（二）總會

委員會之總會，大會贊同設於倫敦。

（三）分會

英國大法官說明聯合王國政府，鑑於最有關各政府之希望，提議總會應有權設立分會，或在他方面準備之，俾就似為正當者代為調查。彼復謂知悉中國政府願

在重慶設立分會，此點中國大使業已證實，唯在他方面，蘇聯政府並未考慮在目前情況下，須在蘇維埃社會主義共和國設立分會，大會採取聯合王國政府之提議。

（四）主席

英國大法官謂聯合王國政府自始即提議主席問題，應留待委員會第一次大會決定，蘇聯政府則建議主席由聯合王國、美國、蘇聯及中國四國代表輪流擔任，彼請大會對此問題發表意見。

挪威大使表示，大會應將委員會之主席問題與該會秘書處之主席問題有關事宜考慮之，彼感覺在經驗尚未告訴吾人孰似必要以前，使大會本身受委員會設立龐大常設秘書處之拘束實為不智，彼蓋以實際而非以政治立場探討此問題也。彼提議委員會之英國代表應先擔任主席，且可斟酌徵求秘書處所要之職員，彼以為此舉對日後認為需要之措施應無妨礙。

荷蘭大使贊同挪威大使所言，在此特殊情況下，彼希望英國代表為主席，彼以為此乃對英政府一種禮貌之舉，關於蘇聯政府之建議，彼感覺此工作之目的並非權力之運用，而係促進正義，是則小國之代表輪流擔任主席有何不可，此乃問題也。

波蘭大使謂主席若輪流擔任，委員會在實際運用上將更感困難，主席領導行動之能力必因此減少，而一切行動在實際上勢將落於秘書處之手，因此彼宣稱贊同荷蘭大使所言且同意暫時委英國代表為主席。

魏思羅贊同常任主席為英國代表，若採取輪流擔任主席之原則，則此原則應適用於所有會員。

　　希臘大使以為從技術觀點言，輪流擔任主席在實際上將使工作困難。

　　美國大使謂其政府不反對蘇聯政府之提議，在他方面，彼有權贊成英國代表擔任主席之提議，彼個人正準備贊助之。彼已得訓令：若委員會欲選美國代表為主席時，希望首先能與其政府洽商。

　　中國大使對英國擔任主席一節，不予反對。彼感覺蘇聯政府既早有提案且未出席，不如依照英國大法官最初之提議，將此問題留待委員會決定為佳。

　　捷克斯洛伐克大使贊同主席問題，應留待委員會處理。

　　英國大法官謂，即使委任英國代表為主席，亦係臨時性質，對最後之協定本無偏見。彼贊同顧維鈞博士所云，在蘇聯代表缺席之際，以不作決定為佳，免與蘇聯提案衝突，彼感覺若由委員會開第一次大會時選任第一屆主席，則無須妨礙現正開始著手即時增設秘書處之協定。

　　大會贊同第一屆主席留待委員會開會時處理，對輪流擔任主席問題應無偏見。

（五）程序

　　大會贊同程序由委員會本身處理之。

（六）秘書處

　　英國大法官謂，若有關各國政府以委員會之總會設倫敦為宜，則聯合王國政府即準備請英國擔任秘書長，到會各代表對此未加反對，彼乃宣稱聯合王國已有心請麥金龍屋得先生擔任該職，屋得氏於此次戰前曾為國聯

秘書處法律組委員。

　　希臘大使謂，屋得氏為人正直，學養豐富，語言造詣亦佳，極為稱職，想大會亦有同感。

　　英國大法官提議，對秘書長接受有關政府委任秘書處其他人員之非正式提議一事，應予公開。挪威大使表示，秘書長至少在開始時應由英國擔任，彼闡明歐洲淪陷國家缺少行政人員，因此任何關於國際秘書處之建議，意即淪陷國家參加為不相宜。

　　美國大使謂，彼不願繼續紀錄關於贊助純英國秘書處之建議，彼感覺蘇聯政府對此問題或有意見。

　　英國大法官指明，其政府對此建議無必須歡迎之理由，彼建議大會應贊成任命英國為秘書長之建議，唯秘書處其他人員則相反地應完全公開。

　　大會贊成此建議。

（七）經費

　　大會贊同聯合王國政府之提議：委員會每一會員及其職員（假若有之），薪俸應由任命政府支付，唯秘書長及秘書處人員之薪給及辦公費應由參加委員會之各政府平均分擔。

　　大會對盧森堡代辦陳述之事甚為注意，該代辦謂平均分擔經費過分加重小國負擔。問是否不能以參加國之資源按比例分擔。

　　大會同意此項協定，應受各有關政府將來調整此事之可能性之限制。

（八）房屋

　　大會注意英國大法官之說明：聯合王國政府擬為委

員會在斯春得法院找一適宜房屋。

（九）法律專家委員會

　　英國大法官闡明聯合王國政府感覺關於審判及懲治戰事犯或有很多問題需待解決，唯均在建議中之委員會權力之外，因之建議設立法律專家委員會。參加委員會工作之各同盟國政府願參加者，得舉薦專家出席專家委員會，同時與委員會合作，並與之有適當接觸，且應通知有關政府關於技術性事宜，如審判戰事犯應用法庭之種類，實用之法律，應採之手續證據，應遵守之規則。此會之任務在以建議指導各政府，惟不能作任何決議拘束各政府。

　　戴摩爾先生謂，彼感覺兩國團體存在不免摩擦，因之希望法律專家委員會應純為一顧問團體。

　　挪威大使謂，彼早有以法律專家委員會附屬於委員會之意。

　　克新教授以為必有兩個分開團體，委員會需要指導，如關於調查應遵守之一般原則等。此等原則必為有關政府同意而訂立者。分開之法律專家委員會則可予此以便利。

　　美國大使謂，其政府在原則上同意設立法律專家委員會，但問在委員會本身開始工作前成立該會之需要為何？彼感覺以先成立調查委員會為佳。

　　中國大使謂，其政府在原則上亦贊同設立法律專家委員會。唯提議該會真正成立應予延遲。

　　澳大利亞共和國高級委員謂，彼雖不希望即時成立法律專家委員會，但願強調其政府贊成設立計劃中該會

之重要性。

謝西爾赫爾斯特爵士謂，彼對設立法律專家委員會甚為滿意。彼以吾人在事實上可發見該兩機構團體之範圍。行動中之調查委員會常有專事細節之危險，因需較為直接代表有關政府，且能基於政治的理由而作決定的其他團體之輔助與指導。唯此二團體必須密切關連，俾保證法律專家委員會所擬訂之原則實際上得以運用。

英國大法官表示，法律專家委員會將完成重要任務，委員會在產生之初期亦將需要，彼建議大會應贊同以正當方法成立此種性質及為此目的設立之法律專家委員會。彼等且應考慮代表人選，唯真正成立該會則應延遲。

此建議為大會贊同。

（十）決議

英國大法官鑑於出席諸君無其他提案，乃提議大會或應採取由聯合王國政府照會蘇聯之決議，蓋此決議可以表示到會諸君希望蘇聯在調查委員會及法律專家委員會成立之際，能參加工作也。

大會贊同此建議並採取該決議案。

愛特金指出將「調查戰事罪行委員會」記為「事實找尋委員會」之不當且更危險，找尋事實者應為審判戰事犯之法庭，委員會在從事搜集可以提出法庭之材料。

英國大法官同意之。

（十一）公報

大會並贊同在報上發表公報。

荷蘭政府之摘要書附錄一（略）。

附錄二 公報

　　各有關同盟國政府，由於進行已久之討論，業於十月二十日在倫敦外交部舉行大會，由英國大法官擔任主席。澳大利亞、比利時、加拿大、中國、捷克斯洛伐克、希臘、印度、盧森堡、荷蘭、紐西蘭、挪威、波蘭、南非聯邦、大不列顛愛爾蘭聯合王國、美國聯邦、南斯拉夫、法國民族解放委員會等政府代表，同意即時在倫敦設立同盟國調查戰事罪行委員會之最後協定。

二　設立聯合國國際戰罪法院公約之草擬經過

金問泗大使倫敦來電

民國三十三年九月八日發

第三四五號。八日。重慶外交部部、次長。戰罪委員會第二組迭次開會，關於審判戰事罪犯國際法庭公約，逐條討論，大致就緒。昨日討論，比代表倡設公法檢察處 Prosecuting officer 之提議，此問題比較重要，眾說紛紜。大致英、澳、印諸代表反對，而主張應由同盟國逕呈本會檢察處官，或本國其他代表，各向該法庭提出案件。諸小國大致贊成此項提議，泗主張限制該公法檢察處權限，旋以主席美國代表提出折衷辦法，決定設公法檢察處。但原則上仍須由各本國檢察官或代表辦理，其願交由公約檢察官辦理者亦可。惟某某案是否予以起訴之權，蘇使面稱，由法庭操之。又當討論問題時，英、法及澳諸代表均表示，將來蘇聯倘不加入，即使法庭成立，亦覺無多生氣。澳代表竟詢蘇聯是否加入，在座各位有能答覆者否？並言該公約或竟不成事實，亦未可知

耳。泗個人看法，此種空氣，美國主席與美國堅持軍事
法庭之態度，似不無相關係。謹電奉聞。金問泗。

外交部致司法行政部函

民國三十三年十月六日

頃據駐荷金大使問泗九月廿七日自倫敦來電，報告聯合
國戰事罪行委員會最近開會，討論設立軍事法庭之建
議，相應抄送原電函達查照，密存參考為荷！此致司法
行政部。

附件壹

照譯九月廿七日金問泗大使來電

前電關於設立軍事法庭之建議，其詳如次：

聯合國政府應請求在各戰區與聯合國軍隊合作之最高統
帥部，在設立之軍事法庭執行審判破壞法律慣例及戰時
法規之敵人罪犯。

除確認一九四三年十一月一日莫斯科宣言，國家法庭有
執行戰事犯第一審權之原則外，其條件為：

（一）聯合國政府以書面請求，該類人犯應在該類法
　　　庭執行審判。

（二）聯合國政府以書面請求，將在押之被告人解遞
　　　在召集之軍事法庭當局。

（三）聯合國政府以書面請求，提出被告罪行之確實
　　　證據，並與在召集之軍事法庭當局或其指定之
　　　代理人合作、準備及審判案件，包括證人、文
　　　件及其他證據之提出。

（四）除某一聯合國因需要而請求在其國土上執行審判外，軍事法庭概不於任何聯合國之國土上設立。

關於設立軍事法庭建議案中"Whereas"兩節其主要內容如次：

一、與各戰區聯合國軍隊合作之最高統帥部，似有權設立軍事法庭，並規定其組織權限及程序。

二、在聯合國戰罪法庭設立以前，僉信該類軍事法庭能迅速公正執行審判罪犯。即在聯合國戰罪法庭設立以後，兩種組織均可同時執行職務，互不跨越。

討論進行中，一部份代表尤以挪威及法國代表為最，反對授權最高統帥部規定軍事法庭之組織、權限及程序，又反對聯合國戰罪法庭（指聯合國間之國際組織。關於此法庭曾有組織草案，已付討論）設立後仍保留軍事法庭。但上述兩節業由多數表決通過，其程序為先逐節提付表決，然後整個文件經修改如上後，全體一致通過。目前之問題為法國代表提議組織一小組委員會，討論起草一節略，其內容包括軍事法庭組織、權限及程序各問題之保留，以及適用何種法律等問題。該節略苟將來為戰事罪行委員會通過，即作為向各國政府建議之用，相信將來，必有一番激烈討論云。

駐英大使館代電

民國三十三年十月十四日

部、次長鈞鑒：二六六號電計達。謹查設立懲治戰罪犯

國際法庭公約草案，係由美國代表處法律專家 Professor Preuss 起稿，經調查戰罪委員會第二組依據討論，歷時半載，始先後由該組及委員會通過。茲將其中亟應注意之點，擇要分述於左：

一、關於戰罪起算日期一點，原稿曾規定自一九三七年七月七日算起，嗣知吾方主張懲辦戰罪在遠東方面，應以九一八為起算日期，英美代表曾非正式表示，難以贊同，故最後通過之公約草案中，並無起算日期之規定。則尚不無伸縮餘地，此節已於第二三七號電呈報在案。

二、公約草案第一條規定法庭之任務與管轄範圍。

三、第二條規定推選法官與法庭人員之辦法，又第三條關於法庭人員之國籍與資格問題。依照此兩條之規定，各締約國提出之三人，如皆係該國本國籍者亦無不可。惟各國代表曾一再聲明，以為締約國政府對於人選，應專重其法律上與司法上之學識資望，而不涉及其政治之關係，並須對於英、法語文深通一種。

四、根據第十條，法庭得自行釐定內部組織規程，包括自由擇定法庭通用文字（official langauge）在內，蓋原稿曾規定英法文為法庭通用語文，我方提議將來法庭若在我國開庭時，為採證便利起見，應用我國語文，因說明於英法文字外，應增列「或法庭所在地之該國文字」等字樣，各國代表雖無異議，然以為法庭通用文字，可於法庭內部規程內釐定，而不必由公約明文規定，我方對此提議亦不反對，但

聲明當於公約之外，另有書面特為說明此點，並隨同該約草案分送各國政府，此項書面，尚未完全定稿。

五、第十八條列舉國際條約、國際公約慣例、一般刑法判例等，以為法庭適用法律之範圍。

六、第二十二條僅云，法庭經費由締約國負擔之，至於分攤方法，尚待洽商。

七、第二十三條之意義，在使締約國對於該公約各項規定，尤其是第十四條及第十五條之規定，如本國現行法律尚無相當條文者，即設法補訂，俾於法庭受理案件調卷傳證時，得依法協助之。

八、其他各條規定，似甚顯明，如係補註解釋，或提出問題，或提出保留者，似可俟第二條（b）項所規定之締約國政府代表會議時，相機酌提，茲特檢同公約草案全文一份先行電達，乞予鑒核，金問泗。

外交部致司法行政部函

民國三十三年十二月一日

據駐英大使館寄呈倫敦聯合國戰罪審查委員會所擬「設立聯合國國際戰罪法院公約草案」一份，相應檢同原件及譯文一份，函達查照參考。

貴部對該公約草案意見如何？並希見復為荷！此致司法行政部。

附設立聯合國國際戰罪法院公約草案及譯文各一份。

三　設立聯合國戰罪法院公約草案

　　　　　　　　　　　　「Doc C50（1）」　莫德昌譯

各締約國為欲保證敵國戰事罪行之罪犯應受制裁，承認在一般情形之下，聯合國國內法庭為審判及懲罰此類戰罪之適當法庭，同時復慮及國內法庭對某種罪行，或不能作順利或有效之懲罰，茲經決定設立一聯合國國際法院。凡屬於本公約所規定範圍內之罪犯，而不宜交由國內法院審判者，各聯合國政府得自行斟酌，送交國際法院審判之。為此，特派全權代表如左：

（全權代表名單）

該全權代表等，各將所奉全權證書，互相校閱，均屬妥善，議定條款如左：

第一款：

（甲）應設立聯合國戰罪法院，以審判及懲罰被控違犯戰爭法規及習慣之罪犯。

（乙）該法院之裁判權應包括審判及懲罰任何違犯，或意圖違犯，或命令、構成、幫助、教唆，或煽動他人違犯，或因自身未能善盡其責任而違犯戰爭法規及習慣之罪犯，不論其階級或地位為何。

（丙）上項所規定之該法院裁判權，應包括武裝部隊之人員，或文官當局，或其他人員所犯之罪行，無論被告之行為，係根據對任何締約國作戰，或從事於武裝敵對行為，或敵意佔領其領土之國家，或其他任何政治團體之授權，或係假借該國家或政治團體之授權，或係與之協作。

第二款：該法院推事及法院代表人員應按左列規定選

拔之：

（甲）本公約生效後卅日內，每一締約國應指派三人為
　　　法院人員，並將被派人員姓名通知英國外交部
　　　長，由彼轉達其他締約國。

（乙）英國外交部長於接到上述被派人員姓名之通知
　　　後，應在倫敦選擇時間及地點，召集各締約國
　　　代表舉行會議。

（丙）該會議應即由法院人員中選舉推事，選舉時應
　　　用秘密投票，並按該會議所決定之投票方式舉
　　　行。推事人數應由該會議決定之。

（丁）任何國家於本公約生效以後始行加入者，應按
　　　（甲）項規定指派三人為法院人員。被派人員
　　　之姓名，應按同樣方式通知其他締約國。

第三款：本法院人員應為各締約國之國民，並應為在法
學界具有最高之資格者，彼等應通曉英語或法語。

第四款：本法院第一次集會，應由第二款（乙）項所言
之會議決定之，並應在倫敦舉行。本法院應於此次集會
決定其所在地，並得隨時遷移。本法院得決定於其所在
地以外之其他地點開會。

第五款：

（甲）遇有推事出缺時，本法院應由法院人員中選舉一
　　　人繼任推事。

（乙）遇有該法院人員出缺時，應由指派該出缺人員之
　　　締約國另派一人為其繼任人。

第六款：該法院推事於任期內，不得行使任何政治或行
政職務，或從事於任何職業性之活動。

第七款：該法院應選舉院長及副院長，指派書記官，並採取其他行動以完成其本身組織及分庭之組織。

第八款：該法院之推事書記官及依照第十一款第二項所任命之執行公訴法官，應享受外交官之特權及豁免權。

第九款：

（甲）該法院推事如欲辭職，應與院長商定其辭職生效之日期。

（乙）該法院經全體推事四分之三以上之同意，得將不能勝任之推事予以免職。

第十款：該法院應制定其本身及各分庭程序之章則。該法院得隨時修改及增訂該項章則。

第十一款：

（甲）在該法院執行公訴之責任，在普通情形之下應由向該法院提送案件之聯合國負擔之。

（乙）第二款（乙）項所言之會議，應任命法官一人，負責代為執行與案件有關之聯合國政府認為不便由其本國代表自行擔任之公訴職務。

（丙）如該法院認為有必要時，該法官應有適當人員助理一切。

（丁）由該法院任命執行公訴之法官，其執行職務所需之費用，應由該提送案件之國家負擔之。

第十二款：

（甲）該法院審訊案件時，應分庭開審。每一分庭於審訊案件時，應行使賦予該法院之一切權力

（乙）每一分庭應由推事五人以上組成之，該推事等應由院長隨時指派。各分庭開審之地點及其繼續

存在之時間，應由院長決定之。

（丙）每一案件至少應由推事五人審訊並判決之。

第十三款：該法院每一推事，於首次出席該法院公開審案時，應當眾宣稱誓將以大公無私之態度，依法行使其職權並執行法律。

第十四款：該法院得：

（甲）命令任何證人出庭受訊。

（乙）傳召任何具有專門知識之人，對任何案件提出證據。

（丙）命令任何有關案情之文件，證件及其他品物之宣佈及呈驗。

（丁）發出請求文書。

（戊）任命專員聽取證據。

第十五款：根據本公約各條款，被告人犯出庭受審時，除享有本公約及該法院章則所賦予之各種特權外，並得享受左列各種權利：

（一）有接受罪狀通知書之權，此項通知書應載有詳細說明，使其有準備答辯之合理機會。

（二）有準備答辯之合理機會。

（三）有自行選擇合格律師之權。如被告人並未自行選定律師為其代表，該法院應指定合格之律師代為答辯。

（四）審詢進行時，有出庭之權。

（五）有作一般文明國家所承認之一切答辯之權。

（六）有自行提出證據之權。

（七）有拒絕提出於已有害之證據之權。

第十六款：審訊應公開舉行，惟經法院聲明理由後，得禁止旁聽。

第十七款：

（甲）如被告已被一締約國之法庭判罪或宣告無罪，不應復因同一罪狀而在該法院再提公訴。

（乙）敵國或前敵國法庭之審判或判罪，不得妨止該法院之審判及判罪。如敵國或前敵國法庭已經判罪，該法院於判罪時應將其已執行之刑罰計算在內。

第十八款：該法院應適用：

（甲）一般敘明戰時法規之國際條約或公約，及各國間單獨訂立關於戰時法規之特種條約或公約。

（乙）由於一般之承認而成為法律之國際戰時習慣法。

（丙）起源於文明民族間固定之習慣，人道原則及公共良心主張等國際法原則。

（丁）為一般文明國家所承認之刑法原則。

（戊）司法案件之判決，藉以作為決定戰時法規之輔助工具。

第十九款：

（甲）該法院應秘密開會商議判決。各推事對商議之經過應保守秘密。

（乙）每一判決或命令應當眾宣佈，並應述明所根據之理由。

（丙）一切決定應獲得參加推事過半數之通過。

第二十款：該法院應有權判決適當刑罰，包括死刑或其他較輕之刑罰。

第二十一款：一切判決應按該法院之規定執行之。

第二十二款：因該法院之設立及其行使職權所需之費用，本法院推事官員及職員之薪俸，以及執行本法院判決時所需之費用，應按締約國所決定之方式支付之。

第二十三款：各締約國應分別採取必要之措置，俾使本公約各條款發生效力。

第二十四條：本公約應予批准。批准書應交由倫敦英國政府保存。收到每一批准書後，應編製議事記錄以記載之。該議事記錄應經外交途徑送達各締約國。

第二十五款：英國政府如認為所收到批准書之數目足使該法院正式成立，英國外交部長應即將上述情形通知其他締約國。本公約自上項通知發出後之第十日起即發生效力。

第二十六款：非本公約簽字國之聯合國得加入本公約。為此加入本公約起見，該聯合國等應將其加入之意，以書面通知英國政府，再由該政府通知其他各締約國。

第二十七款：關於在該法院裁判權力內之候審人犯，如該法院院長能指定日期，認為屆時當可審訊完畢，該院長應即將上述情形以書面通知英國外交部長。此項通知之抄本，應由英國外交部長經由外交途徑轉致各締約國，並應由彼提議結束本法院及廢止本公約之日期。

第二十八款：除各締約國間獲得同意，將第二十七款末節所言之日期加以變更外，應即以所定之日期通知該法院院長，並應由彼準備一切，俾能如期結束。

第二十九款：本公約應於結束該法院之指定日期同時停止有效，但對於該法院未結束前所有判罪之效力，及其

執行之完成應不發生影響。且於該法院結束後，關於尚未完全執行之判罪，或關於結束該法院本身事務後保存檔案，或與其他事件有關而為各締約國應行分攤之必要費用，亦不受其影響。關於本款所規定各節如有未盡事宜，得由各締約國另行協議。

第二節　對日本戰犯的處理

一　戰爭罪犯處理委員會對日戰犯處理政策會議

時　間：三十五年十月二十五日九時至十二時

地　點：國防部部長會議室

出席人：國防部　部長　白崇禧

　　　　　　　　次長　林蔚

　　　司法行政部　部長　謝冠生

　　　　　　　　司長　楊兆龍

　　　　外交部　部長　王世杰（次長甘乃光代）

　　　　　　　　司長　楊雲竹

行政院秘書處　秘書長　蔣夢麟（科長李祥生代）

聯合國戰罪審查委員會遠東及太平洋分會

　　　　　　　秘書長　王化成

國防部第二廳　　廳長　鄭介民（副廳長張炎元代）

國防部軍法處　　處長　劉慕曾（副處長戴佛代）

國防部軍法處戰犯處理組　組長　胡琰

國防部特種計劃司　　　司長　趙援

國防部戰犯管理處　　　處長　鄒任之

國防部審判戰犯軍事法庭　庭長　石美瑜

國防部第二廳第八處　　處長　王丕承

列席人：司法行政部　　科長　王式成

國防部特種計劃司　　　組員　羅子誠

國防部軍法處戰犯處理組　科員　王成荃

國防部第二廳第八處　　科長　陳昭凱

　　　　　　　　參謀　彭明輝

参謀　鄧良士

参謀　劉敬

主席：部長白

甲、主席致詞：

本會集議之目的，在決定對日戰犯處理政策，當抗戰勝利時，主席蔣對日本廣播，已揭示我國戰後對日政策，本「仁愛寬大」、「以德報怨」之精神，建立中日兩國永久和平之基礎，故處理日本戰犯，亦當秉承昭示，且聯合國對紐倫堡主要戰犯之處置，採取教育及示範性之懲戒政策，與麥克阿瑟將軍對日管制之重視收攬人心，恰同我國寬大精神相符合，憶本席在渝參加中樞對重要戰犯審查會議時，主管機關各提名單百餘，而奉主席批准核列者僅三十餘名，其處理之寬大審慎可知，故現今決定對日戰犯處理政策，宜循主席意旨，詳加研討，釐訂方針，務期寬而不縱，使正義公理與民族情誼，兼籌並顧，是幸。

乙、業務報告：

子、第二廳張副廳長炎元報告

戰犯處理概況：

一、中央處理戰犯機構──戰爭罪犯處理委員會奉主席蔣府參（二）字第 318 號代電，經行政院簽准由前軍令、軍政及外交、司法行政部，與行政院秘書處、聯合國戰罪審查委員會遠東及太平洋分會等六機關組織，承理戰犯處理之指導，審議等業務，自三十四年十一月六日成立，由軍令部負責召集，並區劃綜合性及頒

令逮捕等業務，由前軍令部第二廳第一處，即現本部第二廳第八處承辦。其餘：調查與罪行審查，提列名單由司法行政部；審判執法之審核，由前軍政部軍法司，現即本部軍法處；翻譯及轉送戰犯名單交遠東分會，審查等業務由外交部等單位分別專設臨時附屬機構主管，於每週星期二舉行常會一次，計自成立迄今已歷48次。

二、戰犯及戰罪嫌疑犯人及審理機構：

1. 我國除提列主要戰犯名單二批，計本庄繁等33名，循外交途徑轉請麥克阿瑟總部執緝計25名（其中1名於獄中死亡），交由遠東國際軍事法庭審理外，經戰犯處理委員會頒發之戰犯名單計15批，共列戰犯1,575名，業經逮捕者計已列名單之戰犯82名，人民控訴經軍事法庭受理之戰犯計1,029名，戰罪嫌疑犯2,104名，共計3,215名，其中除日籍外，計朝鮮41名，臺灣52名，琉球1名，德國2名，意國5名，其詳細統計如附表第一。

2. 審判戰犯軍事法庭及戰犯拘留所，分設於南京、上海、漢口、廣州、瀋陽、北平、徐州、濟南、太原、臺北等10處，另由本部於上海設戰犯管理處一所，直轄戰罪嫌疑犯，其拘留及審判，依據戰爭罪犯處理辦法暨戰爭罪犯審判辦法，與該辦法施行細

則辦理，其一般情形，如附表第二。

丑、國防部軍法處戴副處長佛報告

一、各戰犯拘留所羈押人數，與冊報逮捕戰犯人數略有出入，如廣州行轅戰犯拘留所呈報戰犯及戰罪嫌疑犯為 864 名，現經審判無罪，或以不起訴處分者 217 名，已經釋放及遣送歸國，故本處統計羈押人數，與第二廳統計逮捕人數稍有差異。

二、各審判戰犯軍事法庭審判案件，截至十月二十四日止，業經本處核准死刑 10 案，徒刑 7 案，無罪 2 案，不受理 10 案，不起訴 7 案，發回復審 14 案，共計處理 50 案。

寅、司法行政部謝部長冠生報告

本部審查敵人罪行工作，共收敵人罪行案件截至三十五年十月二十四日止，共計 171,152 案。除已辦理 107,040 案，計：

一、送外交部譯轉遠東分會案件 36,902 宗。

二、送戰爭罪犯處理委員會及併案辦理案件 67,774 宗。

三、無法辦理案件（包括罪行人無法查明，及不能成立戰犯罪諸情形）2,364 宗。尚待審查罪行案件計 64,112 宗。

　　查已辦案件中，無罪行人姓名者約佔三分之二強，均係陸續填載查案表，向前軍令部第二廳第一處，及現國防部第二廳第八處與在華戰犯管理處查填後辦理。

卯、聯合國戰罪審查委員會遠東分會王秘書長化成報告

　　本分會之成立，係聯合國以我國抗戰時間最長，受禍最深，為協助處理戰爭罪犯，除於倫敦聯合國戰罪審查委員會之外，特設遠東及太平洋分會於重慶，由中、美、英、澳、荷、比、法等十國駐華使節組成，以為咨議及審查戰罪之機構，工作二年以來，已經審查通過之戰犯名單，計十九批，共列戰犯二千餘名。

丙、討論事項——第二廳提案：

子、案由：

　　對日應高瞻遠矚，處理戰犯宜從大處著眼，不必計較小節，並迅速結束戰犯處理業務。

理由：

（一）為確立中日兩國將來永久和平，昭示我國以德報怨之精神，對國際國內最重要之日戰犯，應予依法審處，以為懲一戒百外，其普通戰犯，宜從寬處理，以示我寬大之態度。查紐倫堡及東京審判戰犯，察其政策均取寬大教育之方式。

（二）我國對戰犯之處理係屬創舉，對國際法等有研究之法官為數甚尟，故對戰犯處理程序及一切措施，多不熟練，處置稍有不當，反予國際不良之批評，為使今後各法庭處理戰犯一致起見，須有確定對處理戰犯之方針，俾使各級法庭有所準據。

（三）我國對戰犯處理歷時一年，對戰犯之罪證及一切資料之蒐集多不齊全，倘勉強牽連處罰，似為有悖處罰戰犯之本意。

決議：

（一）對日本普通戰犯之處理，應以寬大迅速為主眼：

　　甲、已拘戰犯，限於本年底審理，查明罪行，若無重大之罪證者，予以不起訴處分，釋放遣送返日。

　　乙、業經判決徒刑之戰犯，移交日本內地執行。（此辦法可與盟軍總部商討，請其督導執行，而由我駐日代表團協助監視）。

　　丙、其餘戰犯案件，其編譯審查工作，應於民國三十六年六月底結束。

（二）日本戰犯案件，送經聯合國戰罪審查委員會遠東及太平洋分會審查通過者，應即行逮捕，其已回日本者（以重要而證據確鑿之戰犯為原則），應與盟軍總部接洽引渡之。

（三）與南京及其他各地之大屠殺案有關之首要戰犯，應從嚴處理。

（四）在東京遠東國際軍事法庭審判中之戰犯，其與我國有關者暫時不要求引渡。

（五）對於此次受降，日軍負責執行命令之盡職人員而有戰罪者之處理，俟東京戰犯審判告一段落後，再行決定。

（六）戰罪嫌疑犯中無罪證者，應盡速遣送回國。

丑、案由：

　　一、各地軍事法庭工作人員待遇微薄，影響工作至巨，應如何設法補救以利工作。二、各地在押之嫌疑戰犯，多因凍餒而致疾病者，又因醫藥

設備多不健全，故在押戰犯時有死亡，應如何
設法改進。

理由：

（一）目前各地軍事法庭法官，大部係由司法人員調
任，因文武待遇懸殊，多不安心服務，致使工
作無法順利推展。

（二）現各拘留所扣押之嫌疑戰犯囚糧不足，加以氣
候漸冷，亦無寒衣，多因凍餒致疾，又無健全
醫藥設備，因之時有死亡，戰犯罪自應依法懲
處，如聽其凍餒致死。似屬有悖人道。

決議：

（一）司法機關借調審判戰犯軍事法庭專任人員，仍照
原來待遇；由軍事機關派調服務人員，仍按陸
軍規定給與。

（二）戰犯主副食費均照國軍給養發給，並分各地區之
氣候，酌發冬季衣被。

（三）改善各戰犯拘留所衛生設備，並增加醫藥費。

丁、主席指示

一、已經頒發之戰犯名單中，尚未逮捕者，而該犯等
確已潛逸返日之戰犯，應查明罪證，加以整理，衡
其較重要者，提請駐日盟軍總部代為偵查執緝，引
渡歸案。

二、處理戰犯業務應加檢討，盼於常會中商決改進辦法。

三、對於處理戰犯失職及舞弊人員，第二廳應查明具
報，依法懲辦，以儆效尤。

散會。

附表一　戰爭罪犯暨戰罪嫌疑犯人數統計表

三十五年十月二十四日　國防部製

所別	地址	戰犯	戰罪嫌疑犯
國防部戰犯管理處	上海		1,072
國防部戰犯拘留所	南京	44	
武漢行轅戰犯拘留所	漢口	101	276
東北行轅戰犯拘留所	瀋陽	190	205
廣州行轅戰犯拘留所	廣州	295	551
第二戰區戰犯拘留所	太原	13	
第十一戰區戰犯拘留所	北平	132	
徐州綏靖公署戰犯拘留所	徐州	52	
第一綏靖區司令部戰犯拘留所	上海	171	
第二綏靖區司令部戰犯拘留所	濟南	44	
臺灣警備總部戰犯拘留所	臺北	69	
總計		1,111	2,104
		3,215	

備考

一、國防部戰犯管理處對戰罪嫌疑犯擬區分：

（1）經指認有罪行者

（2）已調查有罪行者

即送軍事法庭羈押審理外，雖未調查有據，但以經歷等關係認為可能成為戰犯者，暫留該處待查，其餘均記名先行遣歸，如將來發現有罪行時再行引渡依法審判。

二、廣州日憲兵嫌疑犯經查有確實罪證，移押軍事法庭外，其餘 467 名查無罪證行為，待機遣散中。

三、武漢瀋陽（長春居留者在內）因戰罪嫌疑犯緩遣，人犯尚在調查罪證積極處理中。

四、戰犯逮捕人數 1,111 名中，正式已列為戰犯名單中者 82 名，人民檢舉者計 1,029 名。

附表二　各審判戰犯軍事法庭概況表

三十五年十月二十四日　國防部製

名稱			國防部審判戰犯軍事法庭	武漢行轅審判戰犯軍事法庭	廣州行轅審判戰犯軍事法庭
設置地點			南京	漢口	廣州
成立日期			2月15日	2月20日	2月15日
人事	司法行政部遴派	庭長	石美瑜	唐守仁	劉賢年
		檢察官	陳光虞 李璿	悟俊	蔡麗金 吳念祖
	軍事機關遴派	審判官	2	1	1
			3 專	2	3
判決案件	有罪		1	4	12
	無罪			1	
	不受理			13	
	不起訴			4	
	總計		1	22	12

名稱			東北行轅審判戰犯軍事法庭	第二戰區審判戰犯軍事法庭	第十一戰區審判戰犯軍事法庭
設置地點			瀋陽	太原	北平
成立日期			2月1日	3月1日	34年12月16日
人事	司法行政部遴派	庭長	岳成安	劉之瀚	余彬
		檢察官		胡儼	伍鍾埡
	軍事機關遴派	審判官	1	1	
					3
判決案件	有罪		3	3	12
	無罪				1
	不受理				
	不起訴				2
	總計		3	3	15

名稱			徐州綏署審判戰犯軍事法庭	第一綏靖區審判戰犯軍事法庭
設置地點			徐州	上海
成立日期			4月1日	3月20日
人事	司法行政部遴派	庭長	陳珊	李良
		檢察官		林我朋
	軍事機關遴派	審判官	1	1
			3 專	3
判決案件	有罪		7	2
	無罪			
	不受理			
	不起訴			
	總計		7	2

名稱			第二綏靖區審判戰犯軍事法庭	臺灣警總部審判戰犯軍事法庭
設置地點			濟南	臺北
成立日期			2月15日	5月1日
人事	司法行政部遴派	庭長	李法先	錢國成
		檢察官	李鴻希	施文藩
	軍事機關遴派	審判官	1	1
			3 專	3 專
判決案件	有罪		1	
	無罪			
	不受理			
	不起訴		1	
	總計		2	

備考：

一、第十一戰區審判戰犯軍事法庭係於 34 年 12 月 16
日成立其餘各軍事法庭均在本（35）年內成立。

二、庭長檢察官除註（專）字者外均係兼職。

二　處理日本戰犯報告

張希良報告

民國三十六年七月二十四日

奉派赴國防部出席戰爭罪犯處理委員會第卅四次常會，謹將報告事項及決議事項奉陳如次：

報告事項：

一、聯合國調查戰事罪行委員會遠東及太平洋分會所通過戰犯名單人數：自第一批名單至第十批共計935名。

二、遠東分會通過名單中，已逮捕之戰犯，計86名，尚未逮捕之戰犯，計849名。

三、經各機關人民檢舉之戰犯2,907名。其中已逮捕者，1,480名，尚未逮捕者，1,427名。

四、在上海港口已拘留之日憲兵及大隊長以上階級之戰罪嫌疑犯，共計1,017名。由上海港口已遣送之日俘僑，共計780,000名。

決議事項：

一、據報告：東北當地行政機關及當地人民對檢舉戰犯一事，至為消極，搜集罪證，亦不重視等語。查東北淪陷期間最久，遭受日軍蹂躪之情形慘鉅。於今散在各地之日人，尚未遣送之時，亟應派員調查請公決案。

決議：

　　1. 由國防部電東北行營，即行籌設軍事法庭，及在葫蘆島港口設戰犯拘留所。

　　2. 由國防部電東北行營，飭各地方當局佈告人民

　　檢舉戰犯。

　3. 由戰爭罪犯處理委員會派小組，赴東北各地調
　　查罪證，暨督導檢舉戰犯事宜。

一、小組人員：由出席戰犯處理委員會各部派遣，其名
　　額如下：

（一）國防部三名，行政院秘書處一名，司法行政部一
　　　名，外交部一名。

（二）小組費用：

　　1. 旅膳費由該部照公出旅費支發。

　　2. 特別費又由國防部專案呈請。

二、地點：瀋陽、長春、錦州、葫蘆島。

三、停留及往返日數：預定二十日。

四、出發時日：預定在一週內，準備完畢，即行出發。

以上是否有當，敬祈鈞核。

謹呈幫辦李轉呈司長楊轉呈部、次長。

　　　　　　　　職　張希良謹呈　七月二十四日

戰爭罪犯處理委員會三十六年度工作報告

謹將三十六年度工作概況臚陳如次：

一、處理戰犯政策

　　我國處理戰犯係秉承主席仁愛寬大之政策，擬訂含
有教育意義之懲處條例，實施戰犯之審理，並改變其錯
誤觀念與思想，對其感導要點如下：（一）日本軍閥窮
兵黷武之錯誤。（二）日本軍閥對此次戰爭應負之責
任。（三）盟國為正義和平作戰之意義。（四）三民主
義與領袖之偉大。（五）聯合國憲章及民主政治思想。

（六）揭破日本神權偽造歷史觀念，而授以實在史實，不枉不縱，在正義公理與民族情誼兼籌並顧下，建立中日兩國及世界之永久和平基礎。

二、本會組織及職掌

　　戰爭罪犯理委員會係奉主席蔣參（二）字第三一八號代電，經行政院簽准，由前軍令（現國防部第二廳）、軍政（現國防部軍法處）、外交、司法行政部、行政院秘書處、聯合國戰罪審查委員會遠東分會等六機關組織而成，嗣為增進工作效率，經本會第四十三次常會議決，擬定組織規程，呈經行政院第七六五次會議通過，始奉行政院三十六年一月二十五日從人字第二三五四號聘書，正式聘任德純為主任委員。

本會職掌概要分配如左：

（一）全般政策計劃頒令逮捕戰犯，及本會一切綜合性業務，由國防部第二廳承辦。

（二）調查編審及提列戰犯名單，由司法行政部承辦。

（三）戰犯刑度之審核，由國防部軍法處承辦。

（四）引渡戰犯翻譯名單，由外交部承辦。

（五）審查名單由遠東分會承辦。（該會已於本年三月結束，戰犯名單改由本會審查）。

　　本會每週舉行常會一次（現改兩週一次），計自成立迄今（三十四年十二月六日至三十六年十二月十三日），已歷八十次。並曾先後派員，分赴滬、穗、桂、衡、平、漢、臺灣、東北等地調查督導，以策處理戰犯業務之推展。

三、經費概況

　　戰犯之審理首須蒐集罪證，以為依據。前迭據各地軍事法庭，紛請發給調查費用，以資推進工作。經本會呈准行政院發給經費三億元。該款經本會六十二次常會議決，交國防部第二廳財務組代為保管，其動用手續經本會常會通過或主任委員批准後，交財務組核發。迄今一年計發各地軍事法庭調查費、出差旅費、本會僱員薪俸及辦公費，共計二億七千一百五十二萬三千六百七十三元，收支兩抵，尚存二千八百十七萬六千三百二十七元。（附件一）

四、成立戰犯監獄

　　關於判決徒刑之戰犯，前部長會議議決，移交日本內地執行。嗣經本會研討結果，以我國無派遣軍在日，無法監督，且於側方探悉盟軍總部亦未表同意。同時鑒於戰犯言語性質之不同，似應專設監獄集中監禁。經本會第六十七次常會決議，就原上海拘留所址改設國防部戰犯監獄，業經簽請部長白核准於九月一日成立。刻正將各地判決徒刑戰犯，陸續解赴上海集中執行。

五、引渡

　　引渡戰犯因我國交通工具缺乏，外滙困難，致不能大量申請引渡。至本年底止，計引渡來華者，已有 14 名（內中將 6，大校 1，少校 2，少尉 2，准尉 1，僑民 2），已申請引渡尚未解回者 4 名，擬即申請引渡戰犯 71 名，辦法及預算正呈核中。（附件二、三、四、五）

六、審理

　　全國各地軍事法庭受理戰犯案件，共計 1,523 案

（計 2,388 人現已結，1,045 案（計 2,170 人）未結，
478 案（計 218 人）截至本年底止，計判處死刑者 110
名，無期徒刑者 41 名，有期徒刑者 167 名，無罪 283
名，不起訴 661 名，不受理 30 名，非戰犯遣返日本 878
名，餘 218 名，尚待審理，預定三十七年六月底以前，
全部戰犯處理工作可告完竣。（附件六、七、八）

附件一

戰爭罪犯處理委員會戰犯罪證調查費

現金出納表

中華民國 36 年 1 月 1 日起至 12 月 19 日止（36 年度）

科目	摘要	金額		
		小計	合計	總計
收入之部	戰犯罪證調查費	300,000,000	300,000,000	300,000,000
支出之部	各地軍事法庭罪證調查費	132,500,000		
	派往各地督導小組旅費	48,900,000		
	戰地處理委員會調查費	34,323,673		
	戰犯處理委員會辦公薪餉車馬諸費	65,800,000	271,523,673	271,523,673
本期結存				28,476,327

附各軍事法庭戰犯審理情況表

中華民國三十六年十二月二十五日製

機關名稱			國防部軍事法庭	東北行轅軍事法庭	武漢行轅軍事法庭
積累拘留原始人數			63	329	232
審結人數	不受理			13	17
	不起訴		56	197	75
	無罪		18	72	91
	有罪	有期徒刑	12	23	18
		無期徒刑	10	4	5
		死刑	6	9	5
	小計		102	318	211
非戰犯（已遣返）				11	
未結案現有人數			144		21
備考			其中 13 名尚在審核中未列入		

機關名稱			廣州行轅軍事法庭	陸軍總司令部徐州總司令部	國防部上海軍事法庭
積累拘留原始人數			961	81	316
審結人數	不受理				
	不起訴		101	46	20
	無罪		39	3	12
	有罪	有期徒刑	37	11	12
		無期徒刑	10	3	3
		死刑	38	8	4
	小計		225	71	51
非戰犯（已遣返）			694	10	68
未結案現有人數			9		
備考			其中 33 名尚在審核中未列入		該庭已奉令於本年 8 月 30 日撤銷所有未審人犯移交本部軍事法庭

機關名稱		第二綏靖區司令部軍事法庭	太原綏靖公署軍事法庭	保定綏靖公署軍事法庭
積累拘留原始人數		137	15	180
審結人數	不受理			
	不起訴	40	4	57
	無罪	8	2	23
	有罪　有期徒刑	5	3	20
	無期徒刑	1	2	2
	死刑	9	11	28
	小計	63		130
非戰犯（已遣返）		74	4	10
未結案現有人數				40
備考				

機關名稱		臺灣全省警備司令部軍事法庭	總計
積累拘留原始人數		121	2,435
審結人數	不受理		30
	不起訴	69	661
	無罪	13	283
	有罪　有期徒刑	27	167
	無期徒刑		41
	死刑	1	110
	小計	110	1,292
非戰犯（已遣返）		11	878
未結案現有人數			218
備考			

註：

1. 本表已判處徒刑戰犯共計 208 名，其中將官 2 名，校官 6 名，尉官 9 名，士兵 92 名，其他 99 名。

2. 本表已判處死刑戰犯共計 110 名，其中將官 6 名，校官 4 名，尉官 21 名，士兵 44 名，其他 35 名。

戰爭罪犯處理委員會三十六年度工作檢討報告

民國三十六年十二月二十五日

業務項目	原定計劃	實施情形	檢討結果	建議意見
戰犯處理	全國各地軍事法庭及審理戰犯情形，原定自三十五年四月份起統計，編印成冊。至本年底編印完竣，分發各有關單位查考。	自三十五年四月份起至本年三月份止，已編印審判錄一冊。再本年四月份起至十月份止，已編第二冊，現正繕印中，於仍繼續編輯。		
	設立統一管理，判處徒刑戰犯機構。	經提戰爭罪犯處理委員會第六十七次常會議決，設立本部戰犯監獄。地址設於上海，將各地判處徒刑戰犯集中執行，經於本年九月一日正式成立。		
	各地軍事法庭戰犯案件，依其審理完結之遲早，分別予以先後撤銷，至本年底，全部結束。	徐州司令部軍事法庭及戰犯拘留所，本年五月底撤銷。本部上海軍事法庭，於八月底撤銷戰犯拘留所，改設本部戰犯監獄。第二綏靖區司令部軍事法庭及戰犯拘留所，於九月底撤銷。東北行轅軍事法庭及戰犯拘留所。於十月底撤銷，惟保留名義至本年底止。廣州行轅、保定綏署、太原綏署、臺灣警備司令部所屬軍事法庭，及戰犯拘留所，均定於年底撤銷。武漢行轅軍事法庭及戰犯拘留所，因須辦理結束，飭於明年元月底撤銷。本部軍事法庭及戰犯拘留所，因各地移交案件尚多，再延長至明年六月底止。	因各地陸續檢舉戰犯，影響預定計劃。同時，本年底結束之九個軍事法庭，尚有少數未審畢案件，及正在申請引渡中之七十一名戰犯，故保留一南京國防部軍事法庭，審理此等戰犯。	本部軍事法庭戰犯拘留所，及戰犯審理處理兩組擬限期於明年四月底結束，預備五、六兩月時間編輯戰犯審判錄，及總工作報告。

業務項目	原定計劃	實施情形	檢討結果	建議意見
戰犯處理	修正有關法令	查戰爭罪犯審查條例條文不當尚多，適用困難，經於本年五月二十四日擬具意見，電請立法院修改。	經復將第三十二條第二項增加「認為處刑過重者，得減輕其刑」之規定，餘不必修改。再關於法律上之疑義，均請司法院解釋。	
	引渡戰犯標準之決定	請有關機關首長開會，決定引渡之政策後，並經審查小組核定引渡七十一名，現已將第一批（附件四）核定之七十四名，擬請引渡。戰犯費用（外滙）呈請行政院核發中。	因交通工具缺乏，及需用外滙太多，故不能將日本全部戰犯引渡來華受審。	
	截止戰犯檢舉日期	經本部根據部長會議決議檢舉戰犯，截至本年十月十五日止，通令各單位知照（國家檢舉全不在此限）。	戰犯檢舉定期截止後，全部戰犯處理工作三十七年六月底以前可告結束。	
	戰犯名單定一月內整理完畢	如期整理完竣。	過去戰犯名單，有遠東分會京字京補字三種之多，頗不一致，經統一整理為將、校、尉、兵、民字名單後，檢查較為方便。	
	編造戰犯處理工作總報告	工作報告書原定本年底編造，因戰犯處理工作尚未全部結束，致未如期編造。	刻正將已完成部份編纂，未完成部份在搜集資料中。	

處理戰犯業務報告

民國三十七年一月二十三日

柬一　駱人駿

　　我國處理戰犯，係秉主席訓示之寬大政策，採取二原則，即（一）罪行重大。（二）罪證確鑿。關於此二原則之解釋，業經戰犯處理委員會決定，（一）直接犯罪而行為殘酷者，可不必顧及數量。（二）應負間接責任之戰犯，罪行數量必須斟酌。

　　我國對戰犯之處理，有戰爭罪犯處理委員會，由國防、外交、司法行政部及行政院秘書處等四機關組織而成，其職掌區分如下：

（一）全般政策計劃，頒令逮捕戰犯，及該會一切綜合性業務，由國防部第二廳負責。

（二）調查編審及提列戰犯名單，由司法行政部負責。

（三）審判執法之審核，由國防部軍法處負責。

（四）引渡戰犯翻譯名單，由外交部負責（翻譯名單現由國防部負責）。

（五）審查名單，由戰犯處理委員會負責。

　　戰犯之檢舉，已定於三十六年十月十五日截止，此係對國內外人民而言，國家之追訴權並不包括在內。戰犯之姓名不全者，不得補列入名單。

　　據國防部統計，我國拘留日戰犯之原始人數為2,388名，非戰犯已遣送回國者計878名，待審者計218名，已審結不受理者計30名，不起訴者計661名，無罪者計283名，判處死刑者計110名，判處無期徒刑者計41名，判處有期徒刑者計167名（見附表）。

　　據本部統計，經本部申請業已引渡來華之日戰犯計13 名，經本部申請尚未引渡來華者計 4 名，擬申請引渡者計 71 名，非經本部申請引渡者計 8 名，國防部逕自向盟軍引渡來華者計 64 名，經本部引渡赴國外者計7 名（名單附後）。

　　盟國間互相引渡戰犯之國際公約，有一九四四年九月倫敦聯合國戰罪委員會所通過之「盟國相互解遞戰事罪犯及其他戰事遣法人犯公約草案」，該草案雖未為各盟國批准，目下仍為各盟國間相互請求引渡戰犯之準則，其重要內容為：

（一）請求引渡戰犯，必需提出關於該犯之罪證。

（二）請求引渡戰犯，必需經外交途徑提出申請。

（三）盟國可拒絕引渡其本國人民或其以往人民於他國。

（四）被請求國不得藉口政治罪行而拒絕引渡。

　　東京盟國軍事法庭審訊中之戰犯，計 25 名，已釋放者計 78 名，擬釋放者計 20 名，已電飭駐日代表團隨時查報（名單附後）。

　　主要戰犯，如各盟國發現新證據與各該盟國單獨有關者，各盟國仍可於該庭審判結束後，向盟總交涉要求引渡，依新證據另行起訴一點，殊堪注意。

第三節　遠東軍事法庭對重要戰犯的審判

一　東京遠東國際軍事法庭受審主要戰犯姓名表

號次	姓名	備考	號次	姓名	備考
1	東條英機		15	松岡洋右	已死亡
2	荒木貞夫		16	南次郎	
3	土肥原賢二		17	武藤章	
4	橋本欣五郎		18	永野修身	已死亡
5	畑俊六		19	岡敬純	
6	平沼騏一郎		20	大川周明	心神喪失對該犯停止審判
7	廣田弘毅		21	大島浩	
8	星野直樹		22	佐藤賢了	
9	板垣征四郎		23	重光葵	
10	賀屋興宣		24	嶋田繁太郎	
11	木戶幸一		25	白鳥敏夫	
12	木村兵太郎		26	鈴木貞一	
13	小磯國昭		27	東鄉茂德	
14	松井石根		28	梅津美治郎	

二　遠東國際軍事法庭審訊東條英機

審訊東條英機摘要

民國三十六年十二月二十九日

摘譯自

Stars and Stripes（December 26, 1947）

Stars and Stripes（December 28, 1947）

Stars and Stripes（December 29, 1947）

Nippon Times（December 27, 1947）

Nippon Times（December 29, 1947）

Stars and Stripes Weekly Review（December 28, 1947）

（甲）審判情形

　　十二月廿六日審訊東條時，東京遠東國際軍庭內擠

擁不堪，東條之辯護律師為清瀨一郎博士，被囚十九月後之東條，並不肖一失敗之首腦，壯健非常，仍以其昔日剛強善辯之首相神情作供。

（乙）供詞大要

日本之征服及開發大部亞洲，乃尊崇天皇及拯救自身，以謀自衛。日本之參加軸心，並非與德、義有特殊之友誼，而係謀本國福利之增進，日本因估計錯誤蘇、德二國關係，致於此二國交戰時不知所措，甚至接獲其駐德武官發出二次警告後，仍斷言德國係佯攻蘇聯，以掩護其登陸英倫之舉。

日蘇關係甚為和睦，莫斯科當局態度之軟化，曾使日政府懷疑，日本感於蘇聯在北方之軍力，隨時均樂於與蘇聯締結中立條約，甚至德國反對亦所不顧。日本於一九四一年四月拉攏蘇聯參加軸心失敗，時松岡赴德，發覺德蘇關係緊張，戰事或將降臨，蘇聯態度轉軟之際，日本首領乃忙於與英、美談判，六月間美國態度之轉為強硬，係基於預知蘇聯將與軸心作戰。

彼將永不逃避其在首相及陸相任內權力下之一切行動，及事件之政治上及行政上責任，承認對發動太平洋戰爭及日本戰敗之責。日本並未計劃或事先準備與英、美、荷作戰。東三省戰爭，對華戰爭及太平洋戰爭係各不相關，東條之目的祇在如何解決對華戰爭及鑒於當時之國際形勢，增強國力，以保障國家之獨立及安全，其時英、美、荷之凍結日本資產，為促使日本作戰之一大緣因，故其時之日本首領，係被迫發動此一無可避免之戰爭。

　　日本於作戰前曾精密準備遞一合法之宣戰書於美國。東條軍事行政之性質，為適當管理及訓練，東條為一嚴格之訓練家，從不允許或縱容任何非人道行為，而對於轟炸東京，破壞國際公法之杜立德航空隊員被處死刑一案，並曾呈請天皇減刑。

　　大東亞政策之意旨，在謀大東亞民族之政治自由及共同合作，以建立一共榮範圍，日本並無任何繼續征服之計劃。

　　東條激烈替天皇辯護，並曰：「予從不念及發動此次戰爭將被戰勝國認作國際罪犯，或任何戰敗國之正式官吏將於任何公認之國際法上，被單獨控為罪犯。」

　　日本政治並受任何違法之軍事黨系所操縱，日本政黨之與人民脫節，係由於國際之不安及國內之不滿，軍事機關之被授予大權，為自現職軍人中選任陸海相，以及高級軍事當局脫離民政而獨斷之結果。

　　東條祇為一被日本制度造成以負責此制度之傀儡，戰時日本之首相兼掌軍部，無疑為天皇以下之最高權力者，然事實上之權力者，並非其人而係極端國家主義者及軍國主義者，東條設於一九四〇年逝世，日本亦將產生另一異名同能之東條。

（丙）日本報紙對東條供詞之反響

　　大部之日本民眾仍深信東條對太平洋戰爭之看法，亦即天皇投降廣播詞之內容，著重於作戰之原因而非失敗之理由。

　　廿八日各日本報紙，均幾以其第一版全部刊登東條審訊經過，東京之六家大報（朝日新聞、每日新聞、讀

賣新聞、時事新報、東京新聞及日本朝報）均逐字登載供詞大部，其餘將於以後逐段登出。

　　各報均一致以四五行之大標題，登出東條承當戰罪及為天皇卸責之主張，數報之標題係摘自東條對自衛戰之辯護，然後仔細將詞句括出。但各報均未指出外國記者所強調之點，即東條之辯護實為戰前日本軍事宣傳之回顧。

　　每日新聞為惟一對東條供詞作評論者，於其社評「吾人向世界致歉」中，反對東條之主張，謂「除非吾人能反省過去之錯誤，吾人將永不能於愛好和平及文明之國際社團中，成為被尊重的一員，無論東條如何堅持日本係以戰爭謀自衛，日本所發動之一串戰爭絕不能認為自衛戰，而日本最近所發動之三次戰爭，無一非由侵略而起。」

　　該報對祇少數之反戰日人敢積極指摘日政府之戰時政策，深感遺憾，謂「日本人民，及今日東京受審之人員，如對日本之作戰潛力及其反面，有充分科學頭腦之認識，則此次太平洋戰爭早已避免。」

　　關於東條所謂「本人不願，然誠懇接受戰敗之責任」一語，該報以為：「自人道之觀點，日人對東條之責難，應為冷酷及嚴屬。」

駐日代表團來電

　　　　　　　　　　　　　　　　一月十三日

第一六一號電報南京外交部。第八六四號電奉悉。東條供詞，主要為脫卸戰罪，對太平洋及中日戰爭，均謂應

由盟國負責，日本實為被迫作自衛戰。據英美法例，許被告在庭上盡其所言，東條口供，亦為戰犯自辯例有之詞，尚非特誣中國。惟當檢察官訊問中國受害人數逾二百萬，此等普通人民，是否為無辜遭戮。東條答兩國無知平民，因與戰爭直接無關，但領導彼國之政治家，持反日、輕日、抵制日貨及殘殺無知僑民之政策，實不似政治家之行動，並為造成此次戰爭之主要原因。戰爭雖使人民蒙受不幸，但此種不幸所加於戰勝者，與戰敗者固相等云。此實充分露出侵略者口吻，再對侵略東北，並不承認。謹先擇要電覆，駐日代表團。

遠東國際法庭審詢東條譯要

一九四七、十二、二六，下午二時三十分法庭宣佈開始審詢東條英機，當即由清瀨辯護人朗讀其冒頭陳述後，東條隨即站立於證人席上，由勃魯德辯護人朗讀其供書之全文，供辭內容詳述四年來擔當國政後若干重要國策之決定動機與當時內外情勢之關繫，其要點如次：

一、強調開戰原因在於英美之挑撥，日本純粹採取自衛自存。

一、天皇對輔弼者之上奏無權拒絕，故對於開戰並無責任。

一、強調所謂犯罪之軍閥並不存在。

一、大東亞政策在解放東亞，並非侵略主義。

一、戰爭過程中並無違反國際法之事實，不願承受戰爭罪犯者之污名，惟對國內痛求敗戰之責任，甘受糾處。

清瀨一郎陳述七要點

（一）日本並非事先計劃或準備對美、英、荷蘭作戰者。

（二）對美、英、荷蘭之戰爭原因在於各該國之挑撥，日本純係自存自衛之故，迫不得已而起。

（三）日本政府在攻擊開始前為交付合法之開戰通告與美國一事，曾經過周到之注意與順序。

（四）大東亞政策之真義，第一在解放東亞，其次為協助東亞之建設。

（五）起訴書上所謂「軍閥」並不存在。

（六）統帥權之獨立，連絡會議與御前會議之運用。

（七）東條施行軍政之特徵為統制與規律，從未默認、容許或命令非人道之行為。

東條口供書要旨

　　余，一八八四年生於東京，一九〇五年任陸軍士官，一九四〇年（昭和十五年）七月廿二日第二次近衛內閣時被任陸軍大臣，始與政治發生關係，第三次近衛內閣中留任，一九四一年十月十八日受命組閣，當時兼首相、陸相、內相三職。其後曾兼攝外相、文相、商相、軍需相等。一九四四年二月被任參謀總長，同年七月廿二日內閣總辭，免去本兼各職。以下供述均屬本人在政治上責任期所發生之事實，而與本審詢有關足資參考者，但本人所謂「有責任」或「在責任地位上」等語，純指政治上之意義而定，並非承認法律上或刑事上有責任之意。

　　第二次近衛內閣：政變前一月以陸軍航空總監受命

出差滿洲，七月十七日得陸相歸京之命，十八日下午九時四十分抵達東京，翌日下午三時至荻窪近衛私邸，當時在會者為首相候補近衛公，海相候補吉田善吾，外相候補松岡洋右及本人四人，此次會談即所謂「荻窪會議」。會談中近衛公提出今後國策重點在處理中日事變，因之必需強調政治與統帥間之協調與陸軍海軍之調和，同時關於政治方面論及國內體制之刷新，促進中日事變解決之途徑，外交之刷新及國防之充實等，大抵為後日閣議中所決定基本國策要綱之原則。但同會中並無檢察官方所謂「決定有力之外交國策」之事實。同月廿二日正式任命時，以陸相地位曾發表下列三方針：（一）全力解決中日事變。（二）確立軍事統制。（三）決定政治與統帥之緊密化與陸海軍之協調。

二大重要國策：當時中日事變發生已及三年。歐洲方面法、荷降服後，美國參戰氣氛漸次濃厚，英美對日之壓迫亦漸次增強，在此種情勢下七月廿六、七，二日閣議，決定企畫院立案之「基本國策要綱」與統帥部提案之「相應世界情勢之推移處理時局要綱」二大重要國策，前者內容為刷新國內體制，全力集中解決中日事變與充實國防三大目標；後者決定解決事變之途徑與解決南方問題之方策，避免接近德、意陷入國際孤立；調整對蘇邦交；尊重天皇親英美態度；松岡外相且力言對美作戰為世界之破滅，應極力避免，故當時絕未思及對英美作戰等事。

三國同盟：日德意三國同盟之締結，完全出之外相松岡之手，本人僅以陸相地位參與者。三國提攜問題在

第二次近衛內閣成立前後，在雜談中亦曾屢屢提及。九月四日首相官邸召開四相會議，出席者為首相、外相、海相代表（吉田已辭）、海軍次官與陸相本人。松岡突然提出關於強化日德意軸心一案，事先並無任何會商，惟同會議上曾予同意，九月十九日連絡會議上正式承認。同日下午三時召開御前會議承認是項決議，議席上原樞府議長提出質問日德意同盟促使美國對日壓迫加強，是否妨礙中日事變之解決，當時外相即答稱：目下日本惟有採取毅然決然之態度，方得避免戰爭。關於締結條約，樞府廿六日會議出席之責任大臣被告中唯本人一人而已，星野、武藤雖均出席，但均係說明者之地位，與審議無關。同會中曾以陸相地位說明對美開戰場合，如何使用陸軍一部分之兵力，但此係對假定「最惡場合」發生之質問。根據我國統帥部平時年度作戰計劃之一部對美作戰計劃之說明，對於國家對美開戰決意之有無完全毫無關係，任何國家當均有此種計劃。所謂三國同盟如何企圖分割世界，如何制霸世界等等，殆非夢想所為，此項同盟僅屬防衛之手段而已。即所謂大東亞新秩序亦無非建立在關係國之共存共榮與自主獨立之基礎上。

　　進駐越南北部：一九四〇年九月底日本軍進駐越南，完全因對華作戰必要上而發，前內閣時代六月中曾與越南當局約定，絕對禁止援華物資之通過，為監視履行約定起見，日本曾派遣監視機關，但實際上少數之監視機關完全不能達到禁絕之目的。加以重慶政府呼出以實力再開越南通路之口號，兵力漸次向國境方面移動，

故日本深感北部安南防衛之必要。且統帥部方面，為求迅速解決事變，抱中國內地作戰實行之希望，於是進駐越南，當時兵力限定駐兵六千，通過二萬二千左右，特別強調並非占領性質，由松岡外相與法國思利大使間進行細則協定中。不幸發生現地部隊之越境事件，日法兩部隊之小衝突以及因信號之錯誤投彈海防等事件，實際上派遣兵力約四千左右。當時對越境事件，本人曾以陸軍大臣之地位採取嚴正之處置，即將聯隊長以下提出軍法會議，對於現地之指揮官及大本營僚幕官長等均分別處以免職或左遷。

　　日偽基本條約與日滿偽共同宣言：一九四〇年十一月底與南京政府締結日華基本條約等，完全係對重慶屢次試行和平工作而迄未如願，結果由汪精衛與阿部大使間締結基本條約，完全尊重中國領土主權，且約定歸返治外法權與租界，決非檢察官方面所謂對華侵略行為。

　　日蘇中立條約：一九四一年二月三日連絡會議中決定「對德意蘇交涉案要綱」，此項決定係松岡外相渡歐前之提案，為外相渡歐之腹案而並非正式之訓令。此對蘇交涉重點在使蘇聯傾向三國同盟方面，由此保持對蘇和平而提高日本在國際上之地位，達成下列兩項目的：即（一）藉資展開對美調整國交。（二）使蘇聯停止對華援助，加速解決中日事變，日本決願付出某種程度之犧牲，以期達成此目的。故當時曾預定歸還日蘇漁業條約上及北庫頁油田等之權利。松岡外相渡歐之際，德國與蘇聯間情勢已趨非常緊張，使蘇聯傾向三國同盟，殆已絕不可能。結果四月十三日外相歸途中與蘇聯締結中

立條約：（1）松岡外相之渡歐完全為對德意儀禮上之酬應，並無任何政治上之效果，且迄未談及單獨不媾和等話題。（2）關於統帥事項，松岡約定為絕對禁止發表者——關於攻擊星加坡一事更未提出報告。（3）檢察官方面所稱一九四二年二月上旬日德間軍事協議，全屬子虛，此項對蘇中立條件之成立與日本之南進政策完全無關，絕無可減輕防備蘇聯北方兵力之效果，但日本終始堅守條約，反之蘇聯則於本約有效期間進而攻擊日本。

日美交涉開始：所謂日美了解案，日本政府接受時為一九四一年四月十八日，本案為近衛外相顧慮三國同盟，足以影響日美國交而發。於上一年底開始，最初在日本，以後在美國，由日美私人間往返商談交涉。在美國之交涉，日本方面為野村大使之了解下，美國方面大總統、國務卿、郵務長官之了解下進行而成立一非公式之私案，大總統與國務卿均予默認，且由國務卿向日本駐美大使表示，是否可依此案為基礎而進行正式交涉，要求日本政府方面之訓令，故吾人曾認為公式方案。四月廿一日連絡會議上即以此案為中心，決定日本之立場如下：

（一）謀中日事變即速解決。

（二）日本因必要上接受重要物資之供給。

（三）對三國同盟表示冷淡，但以不違反道義為原則。

關於交涉進行，並無異議，即當電知野村大使。後因松岡歸國，遂致問題進行趨於滯澀。此因松岡歸京後，即於當日（四月廿一日）下午召開連絡會議，議席

上始終因聽取外相訪歐報告，關於本案，外相言明需二週時間之考慮，故未進入審議之階段。其間外相即將本案密告德國大使，且對駐美大使之訓令中主張對歐提出聲明書，並提出日美中立條約案等，致本問題益趨複雜。余意松岡外相自與德意首腦者會見後，當深感三國同盟義務上履行之迫切，對美以為惟有維持嚴然之態度，始得避免戰爭。此種信念，殆已逐漸堅固矣。日本政府對四月廿一日日美了解案，曾提出「五月十二日」修正案，對美國提案有下列三點意見不一致。

（一）中國駐軍問題。

（二）中國通商均等問題。

（三）美國因行使自衛權而參戰與三國同盟關連問題。

　　美國六月廿一日提出方案，日本方面對該案提下列四點注意：

（一）美國提案與我方提案，相距甚遠，顯無互讓之誠。

（二）美國參加對德戰爭時要求我方廣泛的限制援助。

（三）前案規定西南太平洋地域通商無差別原則，要求適用太平洋地域全體。

（四）移民條項之削除。

　　此外美國在本案上附有口頭聲明，暗示對外相之不信任，致使政治關係者發生美國有干涉我國內政之印象。日美交涉無異觸及暗礁，在此時期中發生下列四項大事，即：

（一）六月廿二日德蘇開戰。

（二）因進駐南部安南，美國改變態度。

（三）七月廿五日及廿六日美、英、荷三國對日本凍結
　　　資金。

（四）因松岡外相之態度促使近衛內閣總辭職。

　　既因上述（一）、（二）二原因，美國對日態度趨
向硬化，此後日美交涉，乃以越南問題為中心。內閣變
更，蓋我方仍希賡續談判之故耳。

　　南部越南進駐問題：一九四一年一月三十日連絡會
議上決定統帥部提案「對法屬安南與暹羅施策要綱」，
與兩國各別成立議定書。七月二十八日南部安南之進
駐，完全根據六月十三日所決定之「關於促進南方施策
案」，十日前早有決定，決非呼應德對蘇作戰之行動。
此次進駐之要點有三：（一）以安定東亞與防衛領土為
目的，設定日越間軍事結合關係。（二）用外交交涉手
段，以期達成實行之目的。（三）法越當局不答應時，
用武力貫徹主張。所以必須如此，原因有五：（一）為
迅速解決中日事變，必須切斷英美與重慶在南方之提
攜。（二）為打破英、美、荷蘭南方地域之戰備擴展，
對日包圍之結成。（三）美、英、荷對日經濟上加重壓
迫，且妨礙日本必需物資之獲得。（四）英美策動法越
與暹羅對日離間策略，而兩國均發生對日敵視之傾向。
（五）與荷屬南洋通商會談之決裂與荷外相挑戰性之言
論等。由於上述五項理由，日本在自衛之必要上不得不
講求是項措施。其間曾要求德國對法政府進行斡旋，惟
遭德外相之拒絕。起訴書所稱經德國而向法國壓迫，以
及強制維希政府行使不法武力等，絕非事實，日本軍進
駐準備南亞集結以前，在日本政府與法政府間早成立交

涉。此項措置既非策應德國對蘇攻擊，更非準備對英、美、荷爭取侵略基地，純屬萬不得已防衛的措置。而日本之南進，僅限於法越與暹羅之範圍內，且完全希望用和平手段達到目的者。

德蘇開戰：一九四一年六月二十二日接獲駐德大使大島氏電告德蘇開戰之消息後，立即召開政府與統帥間之連絡會議，協議日本應採之態度。四月三十日方案完成，七月二日御前會議上決定。當時近衛首相認為德蘇開戰乃德國對日本不信任之行為，應立即退出三國同盟。本人當時曾證明，關於德蘇開戰日德間亦曾有過作戰上之談論與政治上之謀議等。御前會議所決定「相應情勢推移之帝國國策要綱」之要點為：

（一）關於東亞共榮圈之建設，絕不變更過去一貫之方針。

（二）迅速解決中日事變。

（三）進行南進政策。

（四）準備武力以應北方情勢之變化。

檢察官方面謂日本南進政策係以美、英、荷為目標等。事實上，本方案所稱南進政策僅指完成對法越與暹羅之施策，惟當時亦曾預想完成上項施策時，必將遭受英美之阻礙。萬一當時英美對日挑戰，則日本亦不辭一戰，故上項措置完全為對英美防衛之準備而已。

第三次近衛內閣：一九四一年七月十六日首相於目黑別邸內召集連絡會議有關閣僚會議。出席者有平沼、鈴木、及川及余等數人，當時因迫使松岡辭職，引起混亂，決議內閣總辭職。同日晚間宣佈總辭職，但當時

美國方面誤認日本之進駐安南為對英美南進政策之第一步，揚言停止對日談判並實行凍結資金，美總統復提出中止進駐並撤兵，而以下列二項為條件：

（一）日、英、美、荷、中，共同保障法越之中立化。

（二）對日保障日本可在法越獲得物資。

日本政府八月四日開連絡會議決定對策，對美方之回答要點如次：

（一）日本保證除法越以外不再進駐，並在中日事變後駐軍立即撤退。

（二）日本政府保障菲律賓之中立。

（三）美國須立即解除西南太平洋地域對日軍事威脅並須勸告英、荷採同樣措置。

（四）美國須保證日本得獲到西南太平洋，尤其荷屬東印度等地之物資。美國尚須採取恢復日美正常關係之必要手段。

　　本來日本進駐安南，原有前述之理由存在，非確獲保證，斷難撤兵。此次承認駐軍地點與撤兵時期等固已相當讓步，但美國方面迄未有任何退讓。近衛首相認為此際欲求打開危局，唯有兩國首腦間直接會見，誠意商談，以期恢復國交。因之，當時對美總統發出書簡，提出會見之意。美國方面，原則上表示贊成，但事先必須日本表明對三國同盟條約上義務之解釋與其履行問題，日本駐軍問題，國際通商均等主義等問題之趨向，否則首腦會見一事不允考慮。美國之此種態度，實使日美交涉愈益擱淺矣。

　　九月六日御前會議：對一九四一年七月二十六日，

英、美、荷三國對日凍結資產，九月六日御前會議上決定「帝國國策遂行要領」，余以海軍地位參與者，該要領之主旨如下：

（一）以十月上旬為限，極力用外交交涉之手段，達到最低限度要求之承認。

（二）另一方面以十月下旬為基的，為自存自衛完成對美英不辭一戰之準備。

（三）外交交涉於定期到達後，倘猶未貫澈要求目的時，決意立即對英美開戰。

本要領特提出當時情勢之急迫，概述如次：

（一）美、英、荷對日經濟壓迫之實施

資產凍結令與通商航海條約之廢止等，全面對日經濟絕交。日本除與中國、滿洲、法越、暹羅外，其他地域之貿易全被杜絕，經濟生活悉被破壞。

（二）美、英、荷對日包圍圈漸次強化，美、英軍備不斷加強

美國主力艦隊之回航夏威夷、太平洋諸島基地之防衛強化、菲律賓創設麥加亞瑟將軍之遠東陸軍司令部、美首腦部之威嚇性演說、八月十四日著名之英美共同宣言、星加坡中美軍事會議等。

（三）予日本國防上之致命打擊

石油凍結，令足使日本海軍二年後完全失卻機能。

（四）日美交涉之難航與最後打開策之決定

日本方面竭盡全力以期打開日美惡勢。

（五）解決中日事變之困難愈益增大

（六）對美、英、荷萬一開戰時之應急準備

　　　統帥部之準備與外交上無關係，完全以國家決
　　　意為前提。

（七）外交與戰爭之關係

　　　倘依外交途徑不能打開局面時，日本唯有以武力
　　　突破軍事上與經濟上之封鎖圈，謀國家之繼續生
　　　存。登陸戰尤以十一月上旬為最適宜時期。

　　因上列情勢與理由為國防用兵之關係，所以限定日
美交涉以十月上旬為期。萬一太平洋戰爭開始之場合在
日本當然並無勝算，因之必須立即占領太平洋及印度洋
上若干戰略據點，奪取有關日本生存資源之所在地，
進而擊退英美之攻勢。十月三日野村大使電告：「美方
繼續對日經濟封鎖，毋須開戰亦可達到對日作戰之目
的」。情勢既未見好轉，第三次近衛內閣遂於十月中總
辭職。

　　太平洋作戰準備：日本統帥部在責任上持有完全與
外交無關聯之對鄰國作戰計劃，其特色為：（1）根據
統帥獨立之理論，政府與統帥機關分立，為日本特有之
制度。（2）陸軍與海軍完全分離制度。（3）海陸軍在
將來作戰上有目標相異之發生，因之即使在事實上認
（編註：原件不全）

（二）無條件承認四原則，但不同意中國駐兵條件與
　　　讓步。

（三）無意變更九月六日御前會議之決定。

近衛內閣總辭職：十月十二日由近衛首相招請五相會議。出席者近衛首相、及川海相、豐田外相，鈴木企畫院總裁及陸相本人，海陸軍統帥部責任者均未出席，會議中本人與外相主張不一致，當時近衛首相與豐田外相之主張為：目下日美交涉，日本倘絕不讓步，勢難望成功。惟交涉症結在撤兵問題上，現在日本不妨全面撤兵，進行交涉後，再度進駐尚有可能。

本人之意見為：觀乎今日美國拒絕兩國首腦者會見之態度，日美交涉難望成功，全面撤兵後將形成如何情勢，深信日美妥協完全困難。

及川海相之意見：倘若開戰，現在乃絕好機會，希望立即決定。若以為外交妥協有望，延遲二、三月後，則海軍方面實際困難矣。

當時本人提案：（一）中國駐兵政策絕不變更。（二）中日事變之成果不使動搖，以二者為前提完成外交上之成功，而望能在統帥部所期待之時期內達到成功之確信。若以此決意而進行之際，不妨暫停作戰之準備。

十月十四日閣議之前，朝晨曾往訪首相，而話題一似十二日所談者。會議中近衛首相、及川海相以及其他閣僚均未發言。外相與本人意見根本衝突，於是萬事休矣。總之，余當時申述內閣為有計畫戰爭之必要時，實際計畫之作成殆不可能，尤其對太平洋作戰上亙久之戰爭計畫等，即夢想中亦未嘗思及之。事實上僅為適應中日事變之解決與國際情勢急變之故，以建設國防國家與高度國防國家為標語，希望能迅速實

現，國內之戰時姿態對英美作戰之準備工作，在應急上臨時決行下列三階段：

（一）根據九月六日御前會議之決定，開始應急作戰之準備。

（二）根據十一月五日御前會議施行本格的作戰準備。

（三）根據十二月一日之決定進行開戰準備行動。

　　日本陸軍軍備乃以對蘇防衛計畫為目的而準備者，其動員之兵以蘇聯在遠東可使用之預想兵力之三分之二為基準。當時因情勢之急迫遂由駐在滿洲、中國，以及本國之既存兵力與既存材料中抽出一部分，臨時改編裝備，以應付南方渡洋之作戰。但飛機之製造與石油之生產能力低下，所謂對英美作戰在陸軍方面可稱毫無準備。人的資源雖稱眾夥，但為軍需生產關係未得充分擴張，太平洋戰爭中期，下級幹部補充之必要上曾召集學生之一部分。九月六日之決定以後，日美交涉由外相豐田，海軍大將經野村大使與格魯大使兩方面進行，結果十月二日美國來文要求（1）尊重領土主權。（2）不干涉內政。（3）機會均等。（4）維持太平洋現狀等四原則。此與六月二十一日案初無二致，故此際陸軍統帥部之意見為：

根據以上美方之態度，日美交涉之妥結無望。

即須總辭職之意見如下：

（一）對於斷定日美進行交涉，是否能貫澈我方要求之限度，政府並未十分進行交涉。

（二）海軍作戰決意之不確實，即認為九月六日御前會議之決定為不適當。即使不適當，但既係御前

　　會議之決定，倘不依之實行（實際上當時本人亦認為不實行為妙），則政府應負全責並應總辭職。而新政府應即實行九月六日之決定，努力進行日美交涉。

　　東條內閣組閣：十月十七日下午三時三十分，侍從長傳來天皇召見即時參見之命，覲見後，天皇即降下組閣之命。當余退出後在宮中休息室小憩時，及川海相亦於覲見後至，告以天皇命令「與陸軍合作」。移時木戶內相傳達天皇命令：

　　海陸軍務協力合作，毋庸拘泥於九月六日御前會議之決定，須深切檢討現時內外情勢，慎重考慮決定國策大本。

　　等旨意，此即後通稱「白紙還元」之御旨，組閣大命根本毫未思及。當時本人主張近衛內閣之繼任內閣惟有東久邇宮庶凡能克服時局之困難，此次意見既已傳言於近衛首相與木戶內相，後更由佐藤軍務課長傳言與阿部與村二重臣。嗣後余深知新內閣組閣後必須變更九月六日之決定，余當時設未奉「白紙還元」之御旨，殆決不至於受命組閣者。當夜六時半左右，余遂於陸相官邸著手組閣。東鄉、賀屋兩氏來訪，本人即以竭力打開外交作答。十八日及川海相推舉島田氏繼任海相，余當即與會見後，即承允諾。當時為應付國內情勢上余遂兼理內相職。

　　十一月五日決定第三案：組閣後政府與大本營即著手檢討重要國策，十月二十三日至十一月二日間屢次召開連絡會議，商討審議結果，十一月五日御前會議決定

三項要領案：

第一案　根據最新決定之對美交涉要領繼續外交談判，
　　　　萬一決裂時政府應穩慎自重。

第二案　立即停止交涉，決定開戰。

第三案　根據對美交涉要領繼續談判，另一方面決意交
　　　　涉不成功時，立即開戰，並開始準備作戰。
　　　　交涉成功時即中止準備，至於開戰決定，以
　　　　後再行決定。

　　十一月二日連絡會議中決定第三案。十一月五日經
御前會議正式決定為「帝國國策遂行要領」，本文已不
存在，就記憶所及略述如次：

（一）日本帝國為打開目前危機完成自衛自存，決意對
　　　英美開戰。依據甲、乙兩案進行外交談判，倘不
　　　成立時發動武力決定。在十二月初始，陸海軍應
　　　即準備作戰，惟開戰之決定，以後再定。

（二）強化與德意之提攜並須在武力發動前，樹立與
　　　暹羅軍事密切關係。

（三）對美交涉在十二月初前成功時，即中止作戰
　　　準備。

　　此項結論於十二月二日下午五時左右與參謀總長、
軍令部長同時參內上奏後，天皇曾表示沉痛之意，並囑
竭力進行談判，以謀打開局面等旨意。

　　合同軍事參議官會議：余當時深察天皇憂慮之意，
乃決意先召開海陸軍合同軍事參議官會議，獲勅許後，
十一月四日召開會議，會議上天皇垂詢陸海軍統帥部是
否可促進作戰準備，海軍統帥部意見首由永野軍令部長

說明：統帥部方面認為作戰準備應切實進行，幸而日美談判成功，則即可中止。萬一不幸日美開戰，在起初邀擊作戰上可望獲勝。作戰開始倘能順利進行，日本得確保西南太平洋之戰略據點而得確立長期作戰之態勢，對英美結果殆將形成長期戰，故吾人應作此決心與準備。

但對於攻擊珍珠灣事迄未提及。陸軍方面，由杉山參謀總長說明如次：南方諸邦之陸軍軍備逐漸增強，發生戰事推測其可保有兵力約八十餘萬，飛機六百左右。日本有陸軍五十一師團，萬一對英美開戰，預定可調用者約其中十一師團，希望開戰能在十二月初，我方於攻佔南方要域後，活用政戰兩略，使英美喪失戰意，竭力使戰爭短期間內結束。然亦不可不作長期戰之預計。北方蘇聯當不致採取積極攻勢，惟美國或將利用蘇聯在遠東之基地，故對蘇亦須嚴重戒備。

當會上一致認為促進作戰準備，仍屬統帥方面適當之措置。會議中天皇迄未發言。

任命寺內總司令官：根據十一月五日御前會議之決定，陸軍方面十一月六日任命寺內大將為南方總軍司令官。統帥部決定南方作戰之程序。同日發出準備南方要域攻略之命令。同月十五日又決定對英美作戰計劃大綱，當然此僅係根據假定之一種準備行為而已。

東條內閣期內日美交涉：十月二十一日經野村大使通告美國，日本願以「白紙還元」方式重新進行談判。十一月五日復派來栖特使赴美，完全並非掩護開戰之意，雖經來栖、野村兩大使之努力，但美國方面仍堅持六月二十一日案，致使該談判更形艱難。美國政府又於

十一月二十六日向來栖、野村提出文告，對日本十一月二十日案認為決難同意，另提意見，是謂赫爾節略。其內容不但依舊固執一向之主張，且更另提出日本所決不能容忍之條件：（一）日本立即自中國全土與法越等地全面撤退海陸軍及其他警察隊。（二）不承認滿洲政府。（三）不承認南京政府。（四）三國同盟條約之死文化。十一月二十七日下午二時連絡會議中審議赫爾節略，結論如下：

（一）此項文書無異對日最後通牒。

（二）此項文書決難受諾。

（三）美國似已決意對日開戰，我方宜隨時戒備。

　　至此，日美交涉之打開已成絕望，日本政府惟有根據十一月五日御前會議所決定者行動。惟此項決定預定在十二月一日之御前會議上，當時余對下列諸事實猶尚矇然，即：

（一）美國早已探悉我方外交通信之暗號，深知日本政府之意圖。

（二）美國國務院已知十一月二十日案為日本之最終提案。

（三）美國在赫爾節略前尚有所謂假定案，此項假定案目的無非在遲緩時日以求充實軍備，但為英國與重慶之堅決反持，遂提赫爾節略者。

（四）美國方面瞭解日本必將認赫爾節略為最後通牒者。

（五）美國早於一九四一年十一月底與英國決定對日開戰，並已進行使日本首先發炮之詭術。

　　重臣懇談會：十一月二十九日為徵求對英美開戰之意見，於宮中召集重臣開會，此係天皇因酷愛和平慎重之措置。被召者計近衛公、平沼、林、廣田、阿部、米內、若槻、岡田諸氏與原樞密院議長等，實際上並非會議而屬懇談性質。政府方面出席者計首相兼陸相本人、島田海相、東鄉外相、賀屋藏相、鈴木企劃院總裁等，統帥部並無一人參加。會中首由本人說明對英美戰爭不可避免之理由，次由東鄉外相說明日美交涉之經過。前於九月二十六日證人岡田啟介所述，本人對重臣之質問以國家機密為詞而拒絕答覆等，完全非事實，惟當時曾力避關於純作戰事項之說明。當日午餐後復召集各重臣於御前，聽取各自之意見。

　　十一月三十日下午三時天皇召見，告以高松宮謂海軍方面希望避免戰爭等。當時余即奉答稱：事既至此，已不得不開戰，然海軍固為作戰之基礎，陛下欲解除疑慮，請召軍令部長、海軍大臣等詳詢確實。退出後下午七時左右，木戶內相來電話告知，陛下已召見軍令部長與海相，已獲確切之信念云。

　　十二月一日御前會議：十二日一日御前會議初，余與外相、軍令部長、藏相等相繼報告後，開始討論「根據十一月五日所決定之帝國國策要領對美交涉未獲成果，日本對英美開戰」一問題，當時原樞府議長曾提出質問，經政府與統帥部一一說明，概要如下：

（一）對英美軍備與以後之增強，海戰有無勝算？對此質問，軍令部長答稱，美國軍備雖日逐漸增強，惟艦隊之四成在大西洋作戰，全部回航太平洋作

戰，極為困難。英國遠東艦隊當亦有若干增強，但彼等要求決戰，則我方當可操勝券。惟問題萬一成長期戰時，則數年以後難言必勝（對於夏威夷襲擊及其他襲擊事項，本說明中絕未觸及）。

（二）對暹羅動向如何措置？對本問題由本人答覆，在對英美開戰時確信能和平通過其領土。

（三）對內地被空襲之預測與措置？對本問題參謀總長答覆，在開戰初期當可因勝利關係少被襲之虞。經過時日則不能說無被襲之虞。

　　最後原議長提出總括意見後承認本提案，會中天皇迄未發言。

　　天皇之責任：經以上之手續而決定國策，其責任悉由內閣與統帥部之責任者負之，當與天皇無關。

（一）天皇任命組閣由於重臣之推薦與宮內大臣之進言，天皇無拒絕此次進薦與進言之前例，而統帥部輔翼者之任命亦恆從慣例。

（二）關於決定國政事項亦必由內閣與統帥部之輔翼，天皇不能無渠等之助言而獨自決行國政者，且慣例上天皇對內閣與統帥部在責任上之最終決定不能行使拒否之權。

（三）有時遇天皇有表示意見時，多經由宮內大臣之傳言，內閣與統帥部於檢討後之再度進言，天皇例無否決權。

　　總之十二月一日之決定責任在內閣與統帥部，天皇並無責任。

　　對美最後通牒：十二月四日連絡會議決定東鄉提出

之對美通告文，對其處置已定下列之預定：

（1）外交上之手續完全任之外相。（2）通告為根據國際法之戰爭通告，於交付美國後日本即得自由行動。（3）交付美國之手續須於攻擊開始前完成之。（4）對美國交付通告之時間，由外相與兩總長會商後決定。

關於珍珠海灣及其他地域攻擊計劃及作戰行動，大本營迄未明示其開始之時間，故出席連絡會議之閣僚，除陸海相，均未予知。余本人為陸軍大臣，亦由參謀總長秘密告知者。總之日本政府持有在珍珠港灣攻擊前完成交付通告之意思，且根據此項意思切實行動者，余當時深信該通告已由野村大使在指定時間內交付與美國矣。

珍珠灣襲擊：本人憶我方珍珠港攻擊成功之報，乃在十二月八日上午四時三十分左右由海軍方面傳告者。余對此奇蹟的成功欣喜異常，感謂天賜。同日上午七時三十分召集臨時閣議，最初由陸海兩大臣說明作戰全般形勢。

羅斯福總統親電：十二月八日上午一時左右，東鄉外相突然來訪，告以格魯大使交與美總統致天皇之親書並意立即上奏等。余當即詢以美方態度是否讓步，外相答告並無任何讓步之處。余當即告以對上奏並無反對，惟海軍機動部隊之飛機現已離母艦前進矣，余之知有親電始在斯時，在我日本對他國元首親致本國天皇之書信，決無故意遲延之行為者。

大東亞政策：關於大東亞政策可稱為此次戰爭之目

的，純以解放被處於英美之下殖民地乃至半殖民地內，東亞諸民族與建設共榮之天地為理想而決定者，關於撤廢在華租界與治外法權促成緬甸、菲列賓之獨立，收回暹羅失地，承認自由印度，荷印獨立等措施，迄未絲毫違反國際法之行為，確日本根本為先各國所施之國際上正當行為也。

部內統督之責：在日本之軍事制度上，部下統督之責任分統帥系統之事項與軍行政下二種類，前者包含作戰，警備、輸送、俘虜在送入收容所前之處理等。俘虜送入收容所後以及一般拘留者之處置，屬於後者之責任。余在陸相時期所發生之俘虜問題悉依據國際公法，本博愛精神處理者。惟因風俗習慣之不同，與夫日本國物資不足關係，不能完全依照日內瓦條約而行。但一切措置，陸軍方面雖未聲明，但均準用此項條約，即日後公布（一九四三年三月）之修正俘虜法，亦準用日內瓦條約者。

對四月十八日空襲俘虜飛行士之就決，亦因飛行士之殘酷行為可以認為國際法上所謂重罪行為，為處罰空襲俘虜飛行員，曾由次官發出通告，而由中國派遣軍總司令之名義公佈有「關於處理敵航空搭乘員軍律」，此亦根據陸戰慣例法與空戰法規集成者，並非新定法制，更無違法之點。

陸軍與政治之關係：起訴書上認為一九二八年至一九四五年間日本內外政策悉由「犯罪之軍閥」支配指導者，但在日本無論「犯罪之軍閥」或「軍閥」云者，歷史上容當別論。惟在起訴書所述之時期絕對不存在，

因政黨勢力之沒落，軍部乃得於政治臺上抬頭，有關連政治情勢者如次：

（一）為對應滿洲事變前後日本國民生活之窮困與赤化之危機，革新機運之抬頭以及陸海空之對此表示同情。

（二）因中日事變之長期化，日本國內體制逐漸移向總動員體制。而當太平洋戰爭爆發後，全國完全進入軍事體制，軍部之發言權因之增大。

（三）日本獨有之統帥權，獨立制度，使軍部在政治間發言權增大。

統帥權與國務問題之調整，歷代內閣均苦心力行者，余於一九四四年二月以首相兼攝參謀總長職務者亦即欲求解脫是項苦惱之一種方法。作戰進行之關係上軍部即大本營在政治上具有影響力，亦即作戰指導上重要之產物。此因戰爭之本質上，原為不得已之處，惟在余任陸相、首相期中，日本政治體制已為總力戰體制，根本並無所謂軍閥支配與指導政治之事。

對蘇關係：日本對蘇聯，從未有過侵略行動，即對蘇作戰計劃之本質亦為對蘇防衛性質。他方面日本對蘇外交採取「保持平靜」之一貫政策，一九四〇年四月日蘇中立條約締約後，日本始終對蘇嚴守中立；另一方面日本對第三國際共產勢力之南下至為關心，此因共產主義對東亞之浸透，足使國內之治安被破壞，東亞之安定被混亂，世界之和平被威脅之故。因此日本政府制定治安維持法。共同防共，不但作為解決中日事變之一途徑，且足以挽救東亞被赤化之危機，而自己擔任世界防

共之壁壘。此一壁壘之重要在二次世界大戰後二年餘之今日，更可證見矣。

　　結論：由以上所述之事實，本人確信一九四二年十二月八日慘酷而無意義之戰爭，完全因聯合國方面欲將美國牽入歐戰所挑發而起。在我國實為無法避免之防衛戰而已。關於滿洲事變、中日事變以及太平洋戰事，均因相連之潛在的侵略計劃——此檢察官方面之主張，余已明白反證，完全為荒唐無稽之說。此外，對於檢察官方面所稱，我國多數之官吏中有少數官僚經常恆行其「共同陰謀」（日本並無此種觀念）等，余認為非具有理性之人所能思及者。日本官吏所採方針，既非侵略，更非壓搾，合法選出之內閣常根據憲法及法律所規定之手續處理國務，惟國家常逢嚴酷之現實。負有左右國家命運之余等，深信自衛奮起乃國家唯一殘存之途徑，而掀起此一賭國家命運之戰爭，終致失敗而陷入今日之狀態。惟此次戰爭在國際法上是否為正當之戰爭與戰敗後之責任，則顯然為二相異之問題。前一問題，乃與外國間之問題，且為法律上性質之問題。余始終主張此次戰爭乃自衛戰，並未違反現代公認之國際法；後一問題即敗戰之責任，余既為當時之首相，當然為余之責任。此意余不但承認責任，抑且內心上希望進而甘負此責也。

第四節　戰犯引渡

一　聯合國引渡戰犯公約

秘書長說帖

　　案查聯合國戰罪審查委員會曾於一九四四年八月廿九日議決，請本會各國代表應將本會所草擬之「解遞戰事罪犯公約草案」及備忘錄轉呈各該國政府予以考慮。茲本秘書長將該項文件抄本檢送中國代表，本秘書長並請中國代表將該項文件抄本一份轉呈中國政府予以考慮。

聯合國戰罪審查委員會解遞戰事罪犯及其他戰事違法人犯公約說明書草案

　　聯合國戰罪審查委員會送交各會員國之「解遞戰事罪犯及其他戰事違法人犯公約草案」，係依據歐洲各主要國家，如比利時、盧森堡、荷蘭、挪威、波蘭等政府司法部長所擬定之約草修訂而成者。原約草係由德摩爾博士Dr. de Moor（荷蘭代表）送呈本會主管。此案之第二組委員會經採納為討論之根據。本約草與原約草在目的上及細節之俱有若干不同之處。

約草之目的

　　各國司法部長所擬之約草旨在運用於聯合國間及聯合國與中立國之間。本約草則祇規定一聯合國與另一聯合國間互相解遞被控或被判決犯有戰事罪行及其他戰事違法行為之人犯。關於中立國加入關於該類人犯解遞之

任何正式一般協定，殊少可能甚且為不明智之舉。

　　第二點不同之處，即本約草規定之解遞，係一種行政程序之結果，並非一法律程序之結果，如司法部長約草所云者然。

　　如司法部長所擬之約草，本約草之運用範圍，包括協助敵人反對祖國之聯合國國民，所謂「基斯林」（傀儡）者是也。本約草將該類人犯與戰事罪犯分別而論，並在第二款規定處置辦法。本約草名稱及約首所用「其他戰事違法人犯」一詞，即指此類人犯。

　　本公約之用意，係在確保聯合國家在其權力範圍內相互解遞被控之戰事罪犯或「基斯林」（傀儡），或已在此等罪狀下被判處之人犯。同時求以最便捷之方法，獲此結果，避免平時引渡程序所引起之繁複手續及延誤，尤其是袪除任何一方可能藉口此類罪行具有政治罪行之性質而拒絕解遞。為接受本公約起見，聯合國家中即非全部亦有若干國家須另行建立法案，俾資調整。第二小組委員會之一委員曾認為：凡須提審之人犯，如已在被請求解遞國軍隊手中之俘虜，即係潛逃該國境內，毫無法律地位，故實際上關於解遞人犯，一切均可以行政步驟為之，並不需要繁複之條約規定。此項主張未經委員會接受。本公約即使不為若干聯合國家所接受或認為需要，亦可在其他聯合國家間運用。本公約如上所述，業經本會五個會員國之司法部長認可。

公約草案條款

　　第一及第二款分別規定戰事罪犯及「基斯林」（傀

傀）之解遞。

第一款中所述之「戰事罪行」，包括違反戰爭法規及戰時習慣之行為，其含義即為除違反戰事法規及戰事習慣之行為外，尚有他種戰爭罪行。

第二款中「基斯林」（傀儡）一詞之定義，係根據司法部長所擬之約草。

「執行刑罰或判決」一語，係承認有關之罪犯固可由民事法庭審判，但亦可由軍事法庭審判（第四款末節）。

第三款之目的在避免藉口政治罪行而拒絕解遞。

第四款指明解遞應由執行或行政機關執行之，並規定請求解遞之程序及在請求書中應具備之細目。

第五款及第六款指出在各種情況下可能拒絕或緩期解遞。該條款並規定同一罪犯在數國連續移送及連續被數國處罰之程序。

第七款規定移送被解遞之人犯經過本公約簽字國中第三國領土之辦法。

第八款規定在解遞時交出審判所需之文件。

第九款規定一切費用應由請求國負擔。

第十款之用意在防備藉口本約有礙引渡條約之運用，而對本公約可能發生之異議。為使將本公約與引渡條約有所區別起見，一度曾有人倡議在條約之名稱及條文中用「轉移」（transfer）一語代替「解遞」（Surrender），但後一語終被採擇，因其涵意明顯，為一般所通曉也。

第十一款有人提議在本款內列入一規定，以便本公

約於一特定之時日停止生效。

第十二及第十三款無須加以論列。

本公約草案之宣告開始簽字

本公約草案係各政府代表以會員資格參加一顧問性質之組織所擬定者，未經政府授權商訂一國際公約並將其宣告開始簽字者。故為使本公約草案（無論有無修改）生效起見，須經上述更進一步之手續並繼以各國批准書之交換。在履行此項手續以前，各國政府有關當局或須以相當時間詳密考慮本公約草案之特殊條款。

職是之故，雖然設立聯合國聯合戰罪法庭一案，審查猶未完成，且此兩項計劃，將來或被認為有由同一全權代表會審理之必要。但本會此時即將公約草案送交各參與國政府。

何國可為本公約之簽字國

以上曾云本公約旨在運用於聯合國之間，而非在運用於聯合國與中立國之間。究竟何國得加入為簽字國，祇能將來由簽訂公約之全權代表會議決定之。將來草擬任何公約，俾成立聯合國聯合法庭為審判戰事罪犯之機關，亦將有同樣問題發生。關於此點本會保留將來提出建議之權。

解遞戰事罪犯及其他戰事違法人犯公約

民國三十三年九月四日

各締約國為欲解遞戰事罪犯及其他戰事違法人犯，經決

定訂立一國際公約，為此等任命全權代表如左：

（全權代表名單）

該全權代表等如將所奉全權證書，互相校閱均屬妥善，議定條款如左：

第一款：各締約國互相同意按照以下規定程序，彼此解遞在彼等裁判權範圍內被控或被判犯有戰事罪行之人犯，為俾予審判或執行判決之目的。此類違法行為，包括違反戰事法規或戰事習慣之行為，無論係在請求國裁判權範圍而所犯或係對請求國本身或其國民或武裝部隊所犯者。

第二款：各締約國為審判或執行判決之故，更互相同意按照以下規定程序，彼此解遞在彼等裁判權範圍內所有請求國之國民，或以往之國民而被控或被判有援助敵人，或資敵便利或意圖助長敵人舉謀之罪狀者，或係利用戰爭狀態或敵對行為，或請求國領土之被敵對佔領所給予之權力或機會而犯罪者。

第三款：第一及第二款所規定之解遞，應不顧任何藉口此類罪行具有政治上之違法性質，而予以執行。

第四款：解遞之請求應經外交途徑提出，並須由被請求國適當執行或行政當局實行解遞。按本公約各項規定請求解遞之人犯，無論在任何狀況之下，不得援用被請求國之引渡條約、法律或條例中所規定之任何司法程序。請求書在任何情形之下應具有以下之記載：

I. 關於違法人員之被控告者：

甲、（一）被控違法人之姓名、國籍（如已
　　　　　知悉）及外貌之說明。

　　　（二）被控罪狀之說明及該罪狀之最高
　　　　　可能處罰。

乙、請求解遞之國家在每一案件中，須以書面
　　向被請求解遞之國家提出下列保證：

　　　（一）審判將依司法程序舉行之；

　　　（二）判決或預審判決及處刑，將在公開
　　　　　法庭宣告；

　　　（三）被控違法人在審判以前及在審判之
　　　　　中應得律師之援助。

II. 關於違法人員之被判決者：

　　　（一）違法人之姓名、國籍（如已知悉）
　　　　　及外貌之說明。

　　　（二）罪狀之說明及所判處之刑罰。

　　　（三）適當法庭對該罪狀於違法人在場
　　　　　時，所給予之宣判書或預審判決及
　　　　　處刑宣決書之原本，或證明無誤之
　　　　　抄本。

　　本款所用「法庭」一語，包括軍法處及其他各種軍
事法庭。

第五款：各締約國得拒絕彼此解遞本國國民或以往之
　　　　國民。

　　　一、締約國對於要求解遞之被控違法人員，
　　　　　如其罪行係在該締約國裁判權權限內所犯

　　者，該締約國得拒絕解遞之。

　　當兩締約國或兩締約國以上，請求解遞同一被控違法人員之時，該違法人員應先被解遞至一國家，其國內法律對所提出請求解遞之罪狀所規定之可能處分為最高度者。

　　如各請求國之法律對所提出請求解遞之罪狀其最高處分係相同時，應先解遞至最先請求之國家。

第六款：如當請求解遞之際，被控違法人正因一罪狀不論其係戰罪與否，而經被請求國法庭調查或審判，如該罪可能之最高處分較所提出請求解遞之罪狀為高時，該締約國得在審判程序未終結前拒絕解遞。

　　如已被判決之人犯係按照第一及第二款之規定，被請求解遞但已被宣決監禁，該項宣決得緩期執行。

　　死刑宣判應予執行，雖有一個締約國或一個以上之締約國請求解遞，亦不受影響。

　　當一被控違法人已被請求解遞之兩個或兩個以上之締約國審判及宣決時，其宣決應按日期之先後由有關締約國執行之。但如該違法人犯已為請求國之一判決死刑，則應解遞由該國執行判決。

第七款：各締約國政府同意，准許本公約簽字國彼此解遞之人犯通過各國領土，但須由解遞該人犯之國家政府出具證明書。當被解遞之人犯

　　　　　及其護從道經各國領土之際，得由有關政府
　　　　　指派官員隨行。

第八款：各締約國同意在解遞之時，提出所有關於被
　　　　控罪狀之一切文件，像片及其他證物。

第九款：按本公約各條款之下所請求解遞之一切費用
　　　　應由請求國負擔。

第十款：本公約乃係一種非常措置，除非本公約特有
　　　　規定者外，並不影響任何各締約國之間所訂
　　　　有之任何引渡條約之運用。

第十一款：公約之廢除及終止——條文暫時保留。

第十二款：本公約應予批准，批准書應迅速存交（某
　　　　　國）備案。再由（該國政府）將存交情形通
　　　　　告各簽字國。

第十三款：本公約於兩締約國批准之日起一個月後，發
　　　　　生效力。以後本公約於每一締約國之批准書
　　　　　存交於　　之日起一個月後對於該國即開始
　　　　　實行。

上開各全權代表　爰於本公約簽字蓋章以昭信守。

二　美軍在華逮捕引渡戰犯經過情形

報告事項：

　一、美軍在華逮捕引渡戰犯經過及外交部處理情形。

　二、美軍在華軍事法庭審判戰犯及國內反響情形。

討論事項：

　一、美軍在華逮捕引渡戰犯，應否准予變通辦理案。

決議：

（一）美軍在華逮捕引渡戰犯，不論為美籍或非美籍，仍應均循外交途徑辦理，由外交部照復美使館，轉知美軍總部遵照。

（二）由國防部略達美軍總部或簽呈委座，轉知美軍總部。關於逮捕引渡戰犯，仍應依外交途徑提請外交部核辦，現因情勢變遷，過去口談辦法，已不適用。但緊急時，得詳具理由，先請我地方最高軍事機關予以逮捕羈押，再行補辦手續。由司法行政部及外交部會呈行政院，轉知各地方最高軍事機關遵照。

（三）在交涉尚未辦妥以前，所有關於逮捕引渡戰犯，暫可經由我軍事系統，轉請外交部核辦。

二、美軍在華審判戰犯，應如何辦理案。

決議：

（一）非美籍戰犯，應統由中國軍事法庭審判。

（二）前項戰犯於我並無罪行者，得請我方引渡，如須在華審判，應請我方會審，並須先得我方同意。

（三）一切手續應經外交途徑，提請外交部核辦。

三、美軍過去在華逮捕及正在審判中之非美籍戰犯，應如何補救案。

外交部對美軍在華逮捕引渡戰犯經過及處理情形

民國三十五年九月二十五日

一、交涉經過

　　本年三月本部准戰罪會遠東分會轉來重慶美軍聯絡組致該會備忘錄一件內稱：「中國戰區美軍總部奉令審理四件日軍戰罪案，其中一部份戰犯，係在臺灣逮捕，經商准臺灣行政長官公署後移至上海拘押者，此四案僅包含日軍對美人之暴行。關於審理此四案，總部擬商獲中國政府之同意，因前此關於總部審理日軍在中國本部對美人所犯戰罪案件，中國政府所表示之同意，似不能適用於此次審理日軍在臺灣對美人所犯之戰罪案件。」等語。當以一，來件所稱臺灣行政長官公署准其在臺逮捕戰犯及我國同意美軍審理戰犯各節，未經外交途徑，致本部無案可稽。二、美軍在我國境內設立法庭，核與國際慣例不合，於我國法權亦不無影響。經分電臺灣行政長官公署及前軍令部查復，並電請司法行政部核復美軍請准在滬審理臺灣日戰犯一節，是否可行？嗣准臺灣警備司令部電復，略以美軍聯絡組於本年一月首先後函商引渡日戰犯七十九名，臺籍戰犯證人三十四名，經奉准委座，先經我審判後分批予以引渡等情。復准司法行政部電復以國際先例似未可輕易創設，而本國法權尤須兼顧周詳。本件美軍總部在我國內審訊戰犯一節，倘予同意，則如何加以限制，附以諒解，使一面可符合國際法規之精神，一面仍可防止他國援例之請求，請詳加研究後妥為交涉等由。

　　本年五月本部准司法行政部代電，略以據上海高等

法院呈駐華美軍總部會同上海市府警察逮捕附敵美僑富克蘭等。該僑等請求提審,應如何辦理一案?認為戰事人犯,如為第三國或請求國公民對於我國或人民別無罪行者,為貫徹盟國共同作戰之旨,自可儘量予以協助及便利。至逮捕引渡戰犯手續一事,究應如何處理,請將結果惠示等由,當以此案與美軍請准審理臺灣日戰犯案性質相同,經決定一併提戰犯處理委員會合併研究再辦。

本年六月十一日准國防部移送美軍總部備忘錄,請求引渡美軍在上海逮捕拘禁之菲律濱籍戰犯五名至菲受審,當以此與前二案均係未經外交途徑請求辦理,經決定一併提戰犯會討論。

六月十二日戰犯處理委員會第廿八次常會決議:一、關於駐華美軍逮捕拘押引渡在華戰犯(包括美奸)。須經外交途徑辦理,各公署行營以及各地方機關不得與美軍擅自成立任何諒解,處理戰犯由外交部呈請行政院通令遵照辦理。二、由外交部照請美大使館,以後美軍逮捕引渡在華日戰犯或美籍附敵份子,應依外交途徑請求中國政府代為拘捕,依解逮手續引渡之。三、由外交部照會美大使館,關於美軍逮捕美僑富蘭克及請求引渡美軍拘禁之菲律濱籍戰犯至菲受審等二案,請補辦逮捕引渡手續。其後本部即依照該會決議案第一、二項分別照達美大使館及呈請行政院。至第三項決議案,本部認為關於菲籍戰犯請求引渡部份,既經國防部移請核辦,核與上開手續尚無不合,經照達美使館表示同意。至逮捕美僑富克蘭一案,事屬既往,未便深究。本

部著重逮捕引渡戰犯事宜，概依照正常外交途徑辦理。

　　本年七月奉行政院指令，略開：「所呈關於逮捕引渡戰犯應由外交途徑辦理，各級地方官署不得與請求國逕洽一案，准予照辦。並已分令司法行政部、國防部暨各省市政府、臺灣行政長官公署遵辦及行知戰犯處理委員會。」

　　本年八月准美大使館照復略稱：關於逮捕及引渡戰犯事，美軍總部已與中國軍事當局在渝訂協定，在和平奠定之前，將此類事件之手續置於有關之中美軍事當局權限內。此項協定並經組成中美委員會之非軍事性質各部之代表予以同意等語。經函詢國防部復稱：此項協定，本部並無紀錄可稽，惟據聞卅四年十月九日中美兩方在渝對於處理日本戰犯曾作口頭協定，本年五月美軍總部致軍令部備忘錄，要求我方予以書面承認，經提出戰犯處理委員會第廿五、廿六次常會決議，待美方再次提出時研論。嗣復奉交下本年六月十八日馬歇爾致主席蔣之備忘錄再度提出，希望我方予以答復，經提戰罪會第卅次常會討論決議，前項口頭協定未便予以書面證實等語。當以該案關係重大，各方答覆均不得要領，為期妥慎處理計，經分函國防部、司法行政部請派員來本部會商。為便於瞭解本案情形起見，茲將有關問題及各方意見分述於後。

二、逮捕及引渡問題

1. 美方：為使盟國司法執行有效起見，將辦理戰罪之計劃視為軍事行動之一種，在和平奠定前，置此類事件之手續於有關中美軍事當局權限內。

2. 司法行政部：戰事人犯如為第三國或請求國公民對於我國或人民別無罪行者，為貫徹盟國共同作戰之旨，自可儘量予以協助及便利。惟逮捕拘押以及解逮之手續，事關國家之主權，應先行商妥，分行知照，俾地方有關官署得按照程序處理。

3. 本部：為遵守國際慣例，維持我國法權，杜絕他國援例起見，盟方不得自行在中國境內逮捕戰犯或其他人犯，如有需要時應經由外交途徑提請本部核辦，通知地方當局代為逮捕移交。

三、審判問題

1. 美方：意見見前「逮捕問題」。

2. 司法行政部：美軍總部在我國審訊戰犯一節，倘予同意，則如何加以限制，附以諒解，使一面可符合國際法規之精神，一面仍可防止他國援例之請求，仍應詳加研究。

四、附錄（錄自字林西報）

　　本年九月十六日，美軍在滬設立法庭審訊德籍戰犯埃文哈特局人員時，辯護律師楊以為美軍無需在滬設庭審判，檢查官康諾爾則以為不然，雙方所持理由，與此次中國交涉雙方所持由大致相同，茲摘要錄後以供參考。辯護律師楊意見：「美軍在中國境內設立法庭，審判罪犯，與國際公法不合，與美方立場亦不合，因德在華司法權早於一九二一年消滅，其後在華德僑，即歸中國法院管轄。日僑自一九三七年後亦然。今中國又並非如德國、日本等戰敗國陷於軍事佔領狀態下，其主權仍獨立完整，對於其境內之外僑，自有絕對之司法權，不

容他國破壞。

又羅斯福總統在莫斯科三巨頭會議上宣稱：「戰犯之審判，其法庭應設於犯罪所在國家境內，並由犯罪所在國家政府審理。」故美軍在滬審判戰犯顯與美方立場不合。

檢查官康諾爾意見：「美軍在滬設立法庭審判戰罪並不與任何法律衝突，因戰罪之成立並非因其違犯任何國家之法律，而係因其違反國際公法中之戰爭法，故其並不屬於任何特定國家法權管轄之內。

又現同盟國對軸心國戰爭狀態，猶未終止。舉凡逮捕審判戰罪之事實，均應視為軍事行動之一部份，比如美軍在滬逮捕之德僑，即應視為在作戰中俘獲之戰俘。此等戰俘係受在德美軍最高當局之命令而予以審訊者，關於此點，美方曾在渝取得中國政府完全諒解。

中國政府現缺乏一切審訊此類戰罪之設備與人員，美軍縱毛遂自薦，亦非冒昧。」

民國卅五年九月廿五日

駐滬人事處 01709 號代電

民國三十五年九月十六日

外交部部、次長鈞鑒：密。月來此間社會人士及若干外僑，以為美軍法庭前此在我國境對日本戰犯得行使審判權，係基於我政府與美國政府曾約定，凡日本軍人對一定之美軍個人犯有國際戰爭慣例所許可之殺傷行為以外之傷害，或殘殺罪行者，美軍在我境內得逮捕或審訊之。一般人士認為美軍此一特權，原屬侵害駐在國主權

之顯著表示，但我政府倘視作權宜委託性質而為部份主權之暫時讓與，蓋亦未可厚非。惟目前正在上海進行之德國戰犯審訊，其問題之本質，似與審訊日本戰犯未盡相同。此批德國戰犯之逮捕與審訊，其主要罪行，為籠統之間諜工作，並無對任何美軍個人之直接傷害或殘殺行為，故一般人士認為自不能與日本戰犯同等視之。至若各該被告之間諜行為，確屬事實，而至於被逮捕及審訊，其管轄機關亦不應為美軍司令部，而應為當時之中國戰區總司令部或我政府。倘以是案牽涉美國及其他盟國之權益過大，必須由美軍出面始能保證此案獲得公平合理之審決。但當時駐華美軍係屬中國戰區所管轄，而中國戰區總司令又係主席所兼任，我政府為適應事實要求起見，極其量亦僅應令由國防部組織特別混合軍事法庭，指派中、美兩國軍法官任審判官，並指定我國軍法官為庭長，會同審理之。今乃竟由美軍司令部軍法處單獨為之，其侵害我國主權，似屬事實。職自美軍在滬審訊日本戰犯時起，即曾數次報請鈞座，解釋此項管轄權之法律根據，但迄未奉明確指示。故無由社會人士轉為解釋。聞此間若干人士，對於此事將經由國民參政會向政府提出質詢。謹特電陳，敬祈察核，預為準備答覆，並電示祗遵為禱。職陳國廉叩。申銑二。

美國大使館致外交部照會譯文

民國三十五年八月十九日

逕啟者：關於本國駐華陸軍當局逮捕及引渡戰犯一節，前准貴部長本年六月二十七日東 35 字第 02847 號來照，當予函轉美國駐華陸軍總司令核辦，並於本年七月二日以第二五二號照會照復在案。茲准該總司令復稱，查美國陸軍總部雖亟欲與中國政府各行政部門合作，惟本總部已與有關之中國軍事首長在渝訂定有關敵籍戰犯之協定。此項協定並經組成中美委員會之非軍事性質，各部之代表，予以同意，則屬事實。此項協定，目前繼續有效，中國軍事當局繼續以戰罪係在軍事管轄之下一節，通知美國陸軍總部。本總司令在未經蔣委員長或依規定指派之中國軍事代表正式通知，告以有關戰犯之權職，已由中國陸軍交由中國政府之其他部門辦理，前擬依照現行協定之規定，建議將辦理戰罪之計劃，視為一種軍事行動之一部份等由，准此。查在正常之情形下，本國政府及上海之美國陸軍當局，固深知應用尋常外交手續較為適宜，然對在華敵籍戰犯之案件，則覺其有非常之情形，故本大使特建議在和平奠定之前，此類事件之手續，仍置於有關之中美軍事當局之權限內，似可使盟國之司法有效執行。希望貴代理部長閣下願予採取同樣之意見，惟對有關非敵籍戰犯之案件，自將領會其引渡，須經由正當之外交途徑辦理也，相應照達，即希查照為荷。

民國史料 32

近代中日關係史料彙編：
戰爭賠償與戰犯處理
Historical Documents on Modern Sino-Japanese
Relations: War Reparations and War Criminals

編　　者　民國歷史文化學社編輯部
總 編 輯　陳新林、呂芳上
執行編輯　林育薇
文字編輯　李承恩
排　　版　溫心忻、盤惠秦

出　　版　🛡 開源書局出版有限公司
　　　　　香港金鐘夏愨道 18 號海富中心
　　　　　1 座 26 樓 06 室
　　　　　TEL：+852-35860995

　　　　　❋ 民國歷史文化學社 有限公司
　　　　　10646 台北市大安區羅斯福路三段
　　　　　37 號 7 樓之 1
　　　　　TEL：+886-2-2369-6912
　　　　　FAX：+886-2-2369-6990

初版一刷　2020 年 7 月 31 日
定　　價　新台幣 330 元
　　　　　港　幣　85 元
　　　　　美　元　12 元
I S B N　978-986-99288-1-6
印　　刷　長達印刷有限公司
　　　　　台北市西園路二段 50 巷 4 弄 21 號
　　　　　TEL：+886-2-2304-0488

http://www.rchcs.com.tw

國家圖書館出版品預行編目 (CIP) 資料
近代中日關係史料彙編：戰爭賠償與戰犯處理 =
Historical documents on modern Sino-Japanese
relations : war reparations and war criminals / 民國
歷史文化學社編輯部編著 . -- 初版 . -- 臺北市 : 民國
歷史文化學社 , 2020.07

　　面；　公分 . --（民國史料）

ISBN 978-986-99288-1-6（平裝）

1. 戰爭賠償　2. 中日關係　3. 外交史

643.1　　　　　　　　　　　　　109009977